庞雅妮 主编

何家村遗宝里的大唐风华

北京理工大学出版社

版权专有　侵权必究

图书在版编目（CIP）数据

何家村遗宝里的大唐风华 / 庞雅妮主编 . — 北京：北京理工大学出版社，2023.3
ISBN 978-7-5763-2112-8

Ⅰ.①何… Ⅱ.①庞… Ⅲ.①出土文物—介绍—西安—唐代 Ⅳ.① K872.411

中国国家版本馆 CIP 数据核字（2023）第 028252 号

出版发行 / 北京理工大学出版社有限责任公司
社　　址 / 北京市海淀区中关村南大街 5 号
邮　　编 / 100081
电　　话 /（010）68914775（总编室）
　　　　　（010）82562903（教材售后服务热线）
　　　　　（010）68948351（其他图书服务热线）
网　　址 / http：//www.bitpress.com.cn
经　　销 / 全国各地新华书店
印　　刷 / 雅迪云印（天津）科技有限公司
开　　本 / 710 毫米 ×1000 毫米　1/16
印　　张 / 13　　　　　　　　　　　　　　　责任编辑 / 王晓莉
字　　数 / 280 千字　　　　　　　　　　　　策划编辑 / 陶　然
版　　次 / 2023 年 3 月第 1 版　2023 年 3 月第 1 次印刷　责任校对 / 周瑞红
定　　价 / 68.00 元　　　　　　　　　　　　责任印制 / 王美丽

图书出现印装质量问题，请拨打售后服务热线，本社负责调换

大唐

风华

《何家村遗宝里的大唐风华》编辑委员会

编委会主任：侯宁彬
副 主 任：庞雅妮 魏成广 朱 铭 步 雁

主   编：庞雅妮
副 主 编：张 倩
撰   稿：张 倩 秦 妍 潘 婷 张 攀 赵 青
策   划：庞雅妮 刘国杨
支   持：西安霞客文化旅游有限公司
          陕西历博文化发展有限公司

序

  提起唐朝,你会想到什么?是"九天阊阖开宫殿,万国衣冠拜冕旒"的万国来朝,是"云想衣裳花想容,春风拂槛露华浓"的绰约风姿,是"葡萄美酒夜光杯,欲饮琵琶马上催"的金戈铁马,还是"胡音胡骑与胡妆,五十年来竞纷泊"的异域风情?

  你可曾想到,这些定格在诗词中对唐朝的描摹,竟会因一次基建过程中的偶然发现而照进现实,有了具体而真实的模样?

  1970年10月5日,位于西安市南郊何家村的陕西省公安厅下属的收容站内,紧张的基建施工正在工人们的铁锹下往耕土深处一点一点地推进。当地基下挖到近一米深时,一个陶瓮露了出来。清理开周围的淤土,人们发现陶瓮除了体量较大之外,并没有其他特别之处。但当瓮口的杂物被拿掉后,在场的所有人都惊呆了:瓮中竟装满了金银宝物!更没想到的是,离陶瓮不远处还发现了一个银罐,也是满满一罐的珍宝!收容站负责人隐约觉得,这些宝物不像现代制品,有可能是古代文物,于是便将这一情况上报陕西省博物馆。接到报告的陕西省博物馆高度重视,在接下来的几天里,考古工作人员对发现陶瓮的附近区域进行了密集的探查。10月11日,又一个装满珍宝的大陶瓮被发现了。

  至此,这两瓮一罐以及它们装载的一千多件金、银、铜、玛瑙、水晶以及各色宝石等珍品悉数出土,其中六十余件器物上还带有古人留下的墨书文字。经专家研究判断，这批精美绝伦、稀世罕见的珍宝属于一千多年前的唐朝。因其内涵之丰富、器形之多样、纹饰之华美、工艺之精妙实属罕见，故成为百年来最重大的唐代考古发现之一。何家村出土文物的数量种类和学术价值远超一般窖藏，甚至相比闻名于世的中亚"阿姆河遗宝"仍有过之而无不及，因此北京大学齐东方教授建议将"何家村窖藏"命名为"何家村遗宝"。

何家村窖藏以其重要的学术价值和独特的艺术魅力，吸引着学界的不断探索和公众的持续关注。2010 年，陕西历史博物馆从何家村窖藏出土的文物中选择了二百五十七件（组）珍贵文物，以常设展览的方式进行集中展示，并将之定名为"大唐遗宝——何家村窖藏出土文物展"。2011 年，该展览获第九届"全国博物馆十大陈列展览精品奖"，并长期跻身最受公众喜欢的专题展览之列。2022 年，为了满足公众日益提升的观展需求，也为了吸纳十余年来学界新的研究成果，陕西历史博物馆对"大唐遗宝——何家村窖藏出土文物展"进行了提升改造。具有新结构、新内容、新叙事的新展览，自然也需要新视角的解读，本书就是应此而作。

对于文物，孙机先生有一段深刻而美好的描述："现今尊之为'文物'者，在古代，多数曾经是日常生活用品，以其功能在当时的社会生活中有着自己的位置……它们如同架设在时间隧道一端之大大小小的透镜，从中可以窥测到活的古史。倘使角度合宜调焦得当，还能看见某些重大事件的细节、特殊技艺的妙谛和不因岁月流逝而消退的美的闪光。"鉴于此，我们这本书以诗词作为切入点，试图将中国人从少年时期就开始由唐诗所建构的大唐意象，与"收藏在博物馆里的文物"和"书写在古籍里的文字"结合起来，跳出以往就物论物的窠臼，以诗为针，以物为线，以史为布，以趣事着色，织就一幅五彩缤纷的大唐锦缎。

银壶上屈膝衔杯的舞马，腰围间玉碾龙盘的蹀躞带，承天门前百官争拾的金开元，铺陈出一场场完备丰富的生活仪轨；高足杯上回看射雕的猎手，琼筵间飞花醉月的羽觞，仪仗前浮霜翻烟的熏炉，缀合成一幅幅流光溢彩的民俗画卷；鬓发上悬蝉垂凤的钗梳，腕臂间金粟妆成的环钏，殿庭里红茸糯绣的鹦鹉，描摹出一位位灵动雍容的大唐丽人；良工雕饰的希腊风"来通"，遐迩俗殊的波斯风多曲长杯，乘风奔属的有翼神兽飞廉，呈现出一幕幕文化交流的热闹景象……大唐王朝虽已消逝在历史的尘烟里，但大唐风华却千年不衰。

  本书撰稿者多为陕西历史博物馆的年轻学者，朝气蓬勃、努力上进的他们正如充满活力的大唐。一句句诗词、一件件器物，在他们青春的笔触之下，有关唐代政治、经济、文化、艺术、宗教、军事、外交、饮食、妆饰、乐舞的多个侧面得以重现，整个时代的绮丽风貌和恢宏气度也变得可知可感。在这里，我还必须说的是，没有西安霞客文化旅游有限公司的大力支持和北京理工大学出版社在出版过程中的用心用力，这本书也不会最终呈现出这般美丽的样貌。

  品一句诗词，鉴一件珍宝，拾一段故事。诗的动人、物的华丽、故事的妙趣熠熠闪烁，点亮了历史苍穹，映照出盛世风华。站在与大唐远隔千年的同一片蓝天之下，希望您凭借这本小小的读物，能看见她生动绮丽的身影，让"大唐之梦"不再缥缈悠远。

  是为序章。

2022 年 10 月

大唐风华

目 录 Contents

第一章 礼仪制度 /001

屈膝衔杯赴节　倾心献寿无疆
——鎏金舞马衔杯纹银壶背后的舞马传奇　/002

奉匜沃盥　礼仪始成
——鎏金银匜见证延续千年的仪礼仪规　/007

玉碾龙盘带　金装凤勒骢
——由九环白玉蹀躞带看唐代服章器用　/013

长说承天门上宴　百官楼下拾金钱
——"金钱会"上撒下的金、银开元通宝　/018

进入琼林库　岁久化为尘
——鎏金折枝花纹银盖碗与唐代进奉之风　/024

意内称长短　终身荷圣情
——金碗、银盘与唐代帝王赏赐之风　/029

复彼租庸法　令如贞观年
——银饼、银铤与唐代的赋税制度　/035

第二章

民俗风尚

/041

回看射雕处 千里暮云平
——从狩猎纹高足银杯看唐人的狩猎风尚 /042

隔仗炉光出 浮霜烟气翻
——忍冬纹镂空五足银熏炉与唐人的熏香风尚 /048

开琼筵以坐花 飞羽觞而醉月
——从鎏金鸳鸯纹银羽觞看唐代的称觞祝寿习俗 /054

千曲歌盛世 一舞倾天下
——鎏金伎乐纹八棱银杯与唐代的乐舞风尚 /060

白鹤迎来天乐动 金龙掷下海神惊
——金走龙与唐代的投龙致祭仪式 /066

服药求神仙 多为药所误
——药具药物与唐人的服食求仙之风 /072

太平祥瑞符君德 鹤兔芝禾月不虚
——动物纹银盘与唐代的祥瑞文化 /080

自古虽有厌胜法 天生江水向东流
——从"永安五男"铜钱、鎏金铜"货布"
　看古人的厌胜习俗 /086

比似菁杭倾盖时 更崇古雅黜新奇
——何家村遗宝中的历代钱币与古物收藏之风 /093

第三章

大唐丽人

/101

鬓动悬蝉翼 钗垂小凤行
——金钗和金梳背与唐代女子的发饰和发式 /102

暗娇妆靥笑 私语口脂香
——鎏金鸳鸯纹银盒与唐代女性的护肤和彩妆 /108

金粟妆成扼臂环 舞腰轻转瑞云间
——镶金玉臂环和金腕钏与唐代女性的佩饰 /114

顺俗唯团转 居中莫动摇
——葡萄花鸟纹银香囊与唐人的芬芳生活 /120

身被春光引　经时更不归

——鎏金仕女狩猎纹八瓣银杯与唐代女性的出游　/126

红茸糁绣好毛衣　清泠讴鸦好言语

——鎏金鹦鹉纹提梁银罐与唐代的宠物饲养　/132

何如相见长相对　肯羡人间多所思

——线刻鸳鸯纹银盒、双雁纹银盒与唐代女性的

婚姻爱情　/138

第四章
文化交流
/145

羲和敲日玻璃声　劫灰飞尽古今平

——凸环纹玻璃碗与缤纷东西的"火与沙"艺术　/146

良工雕饰明且鲜　得成珍器入芳筵

——镶金兽首玛瑙杯与"来通"的丝路邂逅　/152

欢心畅遨逝　殊俗同车书

——从八曲忍冬纹白玉长杯看唐与波斯的文化交流　/157

蒲萄酒　金叵罗　吴姬十五细马驮

——水晶八曲长杯与风靡盛唐的胡酒胡姬　/162

去金方之僻远　仰玄风之至淳

——鎏金双狮纹银碗、鎏金飞狮纹银盒与狮子

形象的中国化　/167

前望舒使先驱　后飞廉使奔属

——飞廉纹六曲银盘、飞廉纹银盒与流行中外的

有翼神兽　/173

一去隔绝域　思归但长嗟

——库思老二世银币与波斯"王子复仇记"　/180

因惊彼君子　王化远昭昭

——"和同开珎"银币与遣唐使　/186

九天阊阖开宫殿　万国衣冠拜冕旒

——从骨咄玉带銙看西域诸国与唐王朝的"玉石外交"　/192

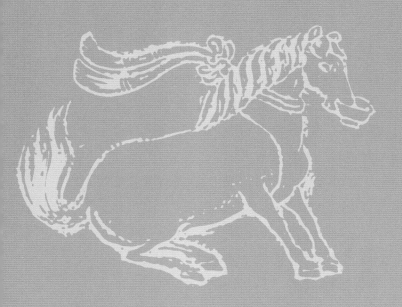

第一章 礼仪制度

何家村遗宝里的大唐风华

屈膝衔杯赴节 倾心献寿无疆
——鎏金舞马衔杯纹银壶背后的舞马传奇

回想起这数载的经历,老马已经有些神思恍惚了。

和伙伴们一起,身着五彩丝线编织的舞衣,披挂缀满金银珠玉的马鞍,点缀象征麒麟和凤凰的装饰,和着《倾杯乐》,为即将到来的皇帝生日"千秋节"上的献礼节目而加紧排练……这一切鲜活得仿佛就发生在昨天。

可谁知顷刻间就山岳崩颓,风云变幻。皇帝、贵妃、宠臣全不复往日威仪,甚至都不等天亮,便匆匆逃离这见证了多少盛世辉煌的大明宫。而它们,则被从翔麟厩、凤苑厩中驱赶而出,一路北上,直驱范阳。老马依稀记得,为首的是一个肥壮异常的胡人。

这之后,又不知经历了几番辗转。昔日被称为"某家宠""某家骄"的"天选之马",身上的珠翠早已零落无踪,只剩下累累伤痕。如今和战马、驿马一起关在这阴冷肮脏的马厩中,它们作为"大唐舞马"的往日荣光,已经无人知晓了。

"发生了什么呢?"老马的眼角泛起了一道不易察觉的泪光。

恍惚中,耳畔隐约传来一曲"饮酒乐"。老马顿时打了个激灵:"这是要上场了吗?"周围的同伴,似乎也都被乐曲唤醒,纷纷从马厩中鱼贯而出,整形列队,和着乐曲踏起曾训练了千百遍、烂熟于心的舞步。

中军帐内,正和部下们饮酒作乐的田承嗣听到外面似有异样,赶忙出来查看,只见月亮的银辉笼罩下,数十匹马正狂跳不止,雨后的泥洼被踩踏得水花四溅。

"怕是中了邪吧?"一位部将惊恐地看向田承嗣。

"打!"田承嗣从牙缝中狠狠地迸出一个字。

于是数十条鞭子重重地抽在舞马身上。"一定是长时间没训练,舞步动作生疏,习驭官生气了。"老马忍着身上的疼,这样想着。

"兄弟们,好好跳啊!终于又有表演的机会了,可不能辱没我们'大唐舞马'的名声!"于是,舞马们随着军中宴乐跳得愈发卖力。士兵们见状,以为邪魔力太强,抽在马身上的鞭子也愈发重了。

终于,一匹匹舞马皮开肉绽、精疲力竭地倒下了,倒在了它们曾经最引以为豪的舞蹈之中。从此,大唐再也没有了舞马,也再再也没有了昔日的荣光与辉煌。

谁能想到,这尘封于历史尘埃中无人知晓的舞马传奇,千年之后,竟会随着一次偶然的考古发现,重现在世人面前。

1970年10月,陕西西安南郊何家村的一处工地正在施工,突然一处唐代窖藏乍现于世人面前。当窖藏中的物品被考古人员一件件提取出来时,这件鎏金银壶上的图案让研究人员赫然一惊:这不就是史书上记载的"舞马"吗!

有关舞马的描述在唐诗中不胜枚举。"髦鬣奋鬣时蹲踏,鼓怒骧身忽上跻""眄鼓凝骄蹙躞,听歌弄影徘徊""绣榻尽容麒骥足,锦衣浑盖渥洼泥",舞马矫健的身姿和高超的技艺借由这些诗句被凝固在文学作品当中。而鎏金舞马衔杯纹银壶的重现世间,则让一千多年后的我们,形象而直观地感受到大唐舞马的气韵和魅力。

鎏金舞马衔杯纹银壶是用模压的方法在壶腹两面各锤击出一匹舞马的图案。这两匹舞马身形强健，体态丰满，肌肉线条匀称流畅。马的鬃毛柔顺地披在前额和脖颈上，尾巴高高扬起，每一根毛发的纹理都清晰可见。马颈上系着一根挽成双花结的丝带，末端的流苏随风飘舞。舞马的姿态极具动感，前蹄撑地，后蹄弯曲，嘴里还衔着一只酒杯（图一）。

舞马，唐时称"蹀马""戏马"。据两唐书和《明皇杂录》记载，每年八月初五"千秋节"——唐玄宗生日之际，宫中会举办盛大的庆祝活动。在兴庆宫的勤政务本楼前，数百匹舞马"衣以文绣，络以金银，饰其鬃鬣，间杂珠玉"，依次入场后，分成左、右两部进行表演。数十位

图一 鎏金舞马衔杯纹银壶

姿容秀美的少年乐工身着黄衫，腰系玉带，分立左右，为表演奏乐助兴。当倾杯乐响起时，训练有素的舞马踩着节拍，或奋首鼓尾，或纵横应节，随着乐曲展现着矫健身姿和聪慧灵性。乐曲将终时，舞马口衔酒杯，屈膝跪拜，向皇帝敬酒祝寿，将活动的气氛推向最高潮。"屈膝衔杯赴节，倾心献寿无疆""更有衔杯终宴曲，垂头掉尾醉如泥"，唐朝宰相张说的两首《舞马词》中的场景，不正是银壶图案的最佳注解？

舞马经过长期训练，与人十分默契，它们能够配合驯马师做出一系列高难度动作。有时会在舞马场地中安置三层板床，驯马师乘马登床，舞马载着驯马师在板床上旋转如飞。有时驯马师站在高台上，舞马在他们的指挥下翩翩起舞。最令人啧啧称奇的场面是两个壮汉高高举起一张木榻，舞马昂然立于其上，纹丝不动。每次表演的舞马少则数十匹，多则上百匹，玄宗时还有四百匹舞马同时表演的盛大场景。不仅如此，舞马还能和大象、犀牛一起表演跪拜舞，同时数百名身着锦绣的宫人配合演奏《小破阵乐》，场面盛大至极。

如此姿容秀丽、聪慧善舞、能通人意的舞马，得选用西域良马方能训练而成。中原原生马种瘦弱矮小，难以被训练成合格的舞马；而地域辽阔、水草丰茂的西域自古以来便盛产良马。中国历代帝王都对"天马"垂涎不已，纷纷从西域大量引进优质马种。舞马这一传统也始自西域。据史书记载，自南北朝开始，中原王朝便不断从大宛、吐谷浑、吐火罗、大秦、疏勒等地引进舞马。"大宛马，有肉角数寸，或有解人语及知音舞与鼓节相应者"，表明大宛马在中原地区的影响力；"世祖大明五年，（吐谷浑王）拾寅遣使献善舞马"，说明吐谷浑与中原的马匹输送关系；"圣皇至德与天齐，天马来仪自海西"，说明唐朝时期从大秦引进过良种马；"吕光麟嘉五年，疎（疏）勒王献火浣布、善舞马"，证明疏勒曾向中原进献过舞马。

想要成为一匹合格的舞马，血统优良只是基本条件，专业、系统的训练才是其能登台表演的决定条件。唐廷极爱马,设立"六闲厩"专门豢养河陇地区上贡的良马。六闲厩的御用马匹由尚乘局进行管理,尚乘局下设奉御、直长、奉乘、习驭、掌闲、兽医、进马、司库、司廪、书令史、书吏等职,各有分工。其中习驭"掌调六闲之马",舞马的驯养调教、编排动作可能都由其直接负责。到了开元初年,六闲厩的马匹数量可至万余,难怪舞马表演会在玄宗朝达到极盛。

不仅舞马本身可能具有"外国血统",就连银壶本身的造型都充满异域色彩。壶身呈扁圆形,与我们印象中传统的酒壶的造型区别很大。这种壶的形态可能源于中亚、西亚一带游牧人群的皮囊式容器。游牧民族逐水草而居,常常需要迁徙,对他们来说陶质或金属质地的容器,或易碎或沉重而不便携带。于是,他们便用动物的皮革制成"皮囊壶",用来盛装水、酒或奶。壶上还设有鋬带,便于悬挂在马背上。随着时代的发展,逐渐出现了陶、三彩和瓷质的仿皮囊壶,壶身上通常装饰有模仿皮革缝合状的凸棱,有的还塑出皮页或皮条。这类壶因矮身扁腹的造型形似马镫,也被称作"马镫壶"。又因其提系部位状如鸡冠,又被称作"鸡冠壶"。这件鎏金舞马衔杯纹银壶正是唐代工匠为适应皇室贵族外出游猎的需求,巧妙地仿照皮囊壶制作而成的。工匠们以金和银这两种贵重材料代替皮革,既彰显了皇室尊贵的身份,又保留了皮囊壶原本的形状和功能,可谓匠心独运。

今天,当我们凝视着这件鎏金舞马衔杯纹银壶的时候,仿佛重回那光华璀璨、熠熠生辉的盛世大唐。鎏金舞马衔杯纹银壶是大唐舞马传奇的最佳注解,也是大唐王朝由盛转衰的历史见证。鎏金舞马衔杯纹银壶所体现出的昂扬向上、包容开放的时代精神,或许就是那个伟大时代如此吸引后世的原因吧!

第一章 礼仪制度

奉匜沃盥 礼仪始成
——鎏金银匜见证延续千年的仪礼仪规

立春,春日之始,也是一岁之首。

东风解冻,蛰虫始振。人们在立春这天鞭春牛、戴春胜、挂春幡,许下仓廪丰实、生活富足的美好心愿。

而对于皇家来说,在立春这天祭祀青帝,祈愿风调雨顺、国泰民安,则是一年当中最重要的仪式了。

春祀的规程复杂而繁琐。早在祭祀前七日开始,皇帝和百官们便开始斋戒。祭祀前的三日内,还要完成为皇帝及百官、蕃客安排坐次,设置乐器,布置燎坛等各项准备。

春祀当日,天还未亮,太史令、郊社令便布置好青帝、岁星、三辰、七宿、句芒的神座,并供上祭品。诸礼官与御史博士列队就位,恭迎圣驾到来。

伴随着钟鼓之乐,身着大裘、头戴冕旒的皇帝在太常卿的引领下,缓步走向祭坛。此时,要进行隆重的"进熟"仪式,为青帝及诸神献上美酒胙肉,以示恭敬。

只见,侍中取来匜和盘,侍奉皇帝沐手;黄门侍郎从竹筐中取出手巾，奉与皇帝擦手。如此仪式要反复进行多次。最后，侍中还要将匜和盘供奉陈列，"进熟"仪式的准备工作才算完成。

以上描述的情景，是《大唐开元礼》中记载的立春时节，皇帝于东郊青帝坛祭祀青帝仪式的一部分。可以注意到，在仪式中有一个重要的环节，即侍者一人持匜从上注水，一人捧盘在下接水，供皇帝沐手，这个仪式环节被称作"奉匜沃盥"。

其实，不光是立春祭青帝，唐代的很多仪式场合，都要用匜和盘。唐代礼仪分吉礼、宾礼、军礼、嘉礼、凶礼五类，其中吉礼又根据规模和重要程度分为大祀、中祀、小祀三个等级，祭天地、宗庙、五帝的均属大祀。大祀有一套非常复杂烦琐的程序，要经过卜日、斋戒、陈设、省牲器、奠玉帛、进熟等环节，在很多环节开始时都要行"沃盥之礼"，以示对神灵祖先的尊敬。

那么，唐代举行"沃盥之礼"时所用的匜和盘究竟是什么样的呢？我们在何家村遗宝里能找到答案。何家村遗宝中一共出土了两件银匜，分别是鎏金鸳鸯纹银匜和鎏金鸿雁纹银匜。两件银匜形制相似，整体造型像一个大碗，口部微微外侈，腹部深而鼓，底部平坦，下接圈足。在口沿的一侧有一个伸出的流嘴。流较短，开口呈半弧形，与匜身紧密焊接在一起。两件银匜的表面都经过细致的打磨，光亮润泽。这两件银匜仅在光素的器腹上装饰一周花鸟纹饰———一件银匜上为鸳鸯、鸿雁、雀鸟和折枝花卉，另一件银匜上为两组鸿雁和两组折枝花卉间隔分布。每组纹饰均为体量较大的单体纹饰，纹饰间留白不另做装饰，与窖藏中一些以"鱼子纹"打底、装饰细密繁复的金银器截然不同，体现出成熟大气的韵味。纹饰均呈浅浮雕状，凸起于器物表面，并加以鎏金，显得非常有质感。禽鸟和花卉都很写实，颇有五代、宋时流行的花鸟写真画的意蕴（图二、图三）。

第一章 礼仪制度

图二 鎏金鸳鸯纹银匜

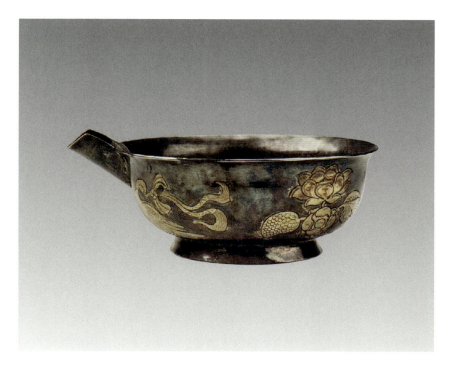

图三 鎏金鸿雁纹银匜

与银匜同出的还有一件素面大银盆。银盆敞口，平底，腹部较浅，像一个深盘，应该和银匜一起配合使用，同为施行"沃盥之礼"的一套器具。

"沃盥之礼"由来已久，早在西周时期就已出现，只不过当时使用的是铜匜和铜盘。铜匜的造型似瓢，器身多为长椭圆形，也有模仿动物造型的。匜口部一侧有流，流多宽大，与器身一体成形；另一侧多有鋬，方便持握。匜底部有无足、三足、四足、圈足之分，有的匜还有盖。铜盘的造型多为大口、浅腹，器身较扁。有的盘身两侧有耳，有的盘底部有圈足。

西周时期行盥礼的场合非常多，甚至达到了"凡裸事沃盥"的地步。《仪礼》是中国春秋战国时代的礼制汇编，共十七篇，其中的十三篇中都涉及盥礼，足见其重要性。

盥礼属于一场仪式中必不可少的辅助性礼节，一般会穿插在主仪式之中进行多次。比如，在古代贵族男子的成人礼——士冠礼中，"赞者"要为加冠者扶正头上缠发髻的布帛，以表示郑重其事。此程序需进行三次，每次进行之前，"赞者"都要盥手。接下来，主宾盥手，为加冠者带冠。在之后的庆祝宴席中，宾客们需盥手才能入席，而加冠者给宾客敬酒答谢前也需要盥手，以示尊敬。

在西周时期的婚礼——士昏礼中，宴席开始前要进行"媵御沃盥交"，即女方陪嫁的媵女为新郎沃盥，新郎的侍女也要为新娘沃盥，即分别侍奉新郎新娘洗手，这是婚礼当中非常重要的一个环节。《左传》中记载了这样一则轶事：春秋时期，秦穆公将女儿怀嬴嫁给晋国公子重耳。在婚礼仪式上行沃盥之礼时，重耳洗完手，没等侍者递上手巾，便开始甩手上的水。怀嬴大怒，说："秦、晋两国地位平等，你为何要轻视我？"因为这样的行为被认为是极为失礼的。怀嬴是秦国公主，轻视她就等于轻视秦国。重耳这才意识到事情的严重，赶忙像囚犯那样脱去上衣表示谢罪。可见，盥礼在当时是一种很严肃、很庄重的礼仪，不能有丝毫的草率。

古人有"事死如生"的观念，对丧仪尤其重视。《士丧礼》中记载，在为故去之人洗净身体、整理完遗容之后，"商祝"要为逝者穿衣。这时逝者的亲人要来到房间外面，袒露左臂，把左袖插在右腋下之带内，在盆里洗手、洗贝壳，进而捧着贝壳再走进屋内。次日黎明，要在主家的东堂之下陈设干肉、肉酱、甜酒等祭品，并在其东边陈放盥洗用的盆和巾。陈设祭品时，抬鼎、端酒、持俎的人也要先洗手。前来参加吊唁仪式的人洗手之后，两人一排立于西面台阶的下面。

不光是加冠、大婚、丧礼这种重要场合，就连日常的起居、饮食也要行盥礼。《礼记·内则》中就提到，"子事父母，鸡初鸣，咸盥、漱""妇事舅姑，如侍父母……进盥，少者奉盘，长者奉水，请沃盥，盥卒，授巾"。晚辈每天早上要为父母、舅姑奉上匜盘，伺候他们洗漱，这是孝道的体现。为人弟子的要求就更高了，《管子·弟子职》中记载："弟子之事，夜寐早作。摄衣共盥，先生乃作，沃盥彻盥"，即学生要趁先生还睡着的时候就准备好其盥洗的用具；待其洗漱完毕后，还要将盥洗用具收拾整齐。"沃盥"这一日常行为被赋予了孝老敬亲、尊师重道的文化内涵，成为人人必须遵守的行为准则。

您可能会好奇，"洗手"这样一件看似平常的小事，为什么会成为一种具有礼仪性质的仪式呢？其实，盥手最基本、最原始的目的就是清洁。甲骨文中的"盥"字像是人的双手伸进盛水的容器中洗手。而到了西周时期，盥手这一日常的举动变得更加复杂，从伸手到盘中洗手，演变成一人持匜从上倒水，一人持盘在下承接废水，以流动之水来洗手。讲究一些的，洗完手后还要用手巾擦干，充满了仪式感。

盥手这一行为模式产生变化的背后，是阶级进一步分化、社会复杂化的体现。首先，盥手所用器具从"盛水的容器"变成相对固定的盘和匜的组合，表明了一些器物的用途和使用场合被固定下来，具有了"礼器"的性质；其次，盥手从个人的清洁行为演变成需要多人配合、有明确分工的集体行为，体现出身份阶级和社会分工的进一步明确。周是我国礼乐制度形成和确立的时期，这一时期"盥手"发展成具有礼制意味的"盥礼"，并对后世产生了深远的影响。

从史料记载中我们可以了解到，西周早期盥礼中使用的器物以盉和盘的组合为主，以盉沃水，以盘盛水。陕西历史博物馆中收藏一组它盉和它盘，就是这样一组盥礼礼器。到了西周中期以后，匜逐渐取代了盉，成为与盘配套使用的水器。陕西户县宋村的一座秦墓中随葬有铜盘和铜匜，出土时匜放置在盘上，很清楚地显示出两件器物之间组合使用的关系。

到了战国晚期，匜的式样发生了改变：鋬逐渐消失，圈足逐渐变成平底，整体形态向瓢转变。因此，匜这种器物在战国晚期之后就逐渐消失了。而到了唐代，匜又以金银器的方式出现，这可能是一种"复古"的风潮吧！

何家村遗宝中的银匜和西周时期的青铜匜还有一段奇妙的"缘分"。在先秦时期的青铜匜中，有一类从铭文中可以得知其属于"媵器"，即女子出嫁时的陪嫁品。曾有学者提出，"春秋时期诸侯间盛行以婚姻维系政治关系，陪嫁品中以盥器为大宗，主要目的是期望负政治联姻之责的女主角能多利用盥洗用具整治容颜，以美丽的容貌维系夫家的感情"。而何家村遗宝中出土的两件银匜上恰好装饰有鸳鸯和鸿雁纹饰，似乎再一次证明了上述学者的观点。因为鸳鸯自古以来就是相依不弃的瑞鸟，被视为夫妻恩爱和睦的象征；而雁是古代男女谈婚论嫁时"纳彩""纳吉""请期"等环节中的信物，也是婚礼仪式中不可或缺的"道具"，被视作夫妻和睦、不离不弃、忠贞不渝的象征。何家村遗宝银匜背后丰富的文化内涵，由此也可见一斑。

第一章 礼仪制度

玉碾龙盘带 金装凤勒骢
——由九环白玉蹀躞带看唐代服章器用

唐武德元年（公元618年），李渊称帝，封李世民为秦王，并展开了如火如荼的统一战争。在击灭王世充、平定中原一带后，控制长江流域及岭南大部的梁王萧铣，成为唐统一过程中最大的阻碍。

南方多山地天堑，易守难攻。不熟习水性的唐军南下长途奔袭作战，沿途又遇金州、开州等部族叛乱，战事一度陷入胶着。

唐高祖李渊正在一筹莫展之时，突然想到在平定王世充的战役中立下赫赫战功的李靖颇有将才，于是便任命李靖为行军长史，委以三军之任。李靖果然不辱使命，组织人力物力大造舟舰，组织士卒练习水战，进而一举攻下江陵，消灭了南方最大的割据势力，为唐朝统一全国打下了坚实的基础。

高祖李渊为了表彰李靖的战功，封他为上柱国，并赏赐丰厚，这其中就包含一副珍贵的十三銙于阗玉带。这副为了表彰李靖有勇有谋、军功彪炳的玉带，也成为"传家宝"，一直传到李靖五世孙的手中。

玉带，即镶嵌有玉质装饰品的腰带，一般由带扣、带銙、鞓和铊尾（珌）四部分组成。带扣和鉈尾类似今天皮带的头和尾部的装饰。鞓指皮质的腰带。带銙又称带板，是镶缀在鞓上的装饰，形状有方形、半圆形、椭圆形等，带銙上有钻孔，用金钉将其与鞓铆合在一起。《新唐书》中对高祖李渊赐予李靖的这副玉带描述为"于阗玉带十三胯，七方六刓，胯各附环，以金固之，所以佩物者。又有火鉴、大觿、算囊等物，常佩于带者"。虽然我们现在看不到李靖受赏赐的这条玉带究竟是什么样的，但何家村遗宝中的一副玉带，却为我们想象李靖受赐的那副玉带提供了非常有力的实物证据。

何家村遗宝中的这副九环白玉蹀躞带，保存有带扣一枚、扣柄一枚、尖拱有孔銙三枚、方形镂空透雕柿蒂纹銙两枚、方形附环銙九枚、圆形偏心孔扣环八枚、长条形鉈尾一枚，共计二十五个部件，带鞓不存（图四）。

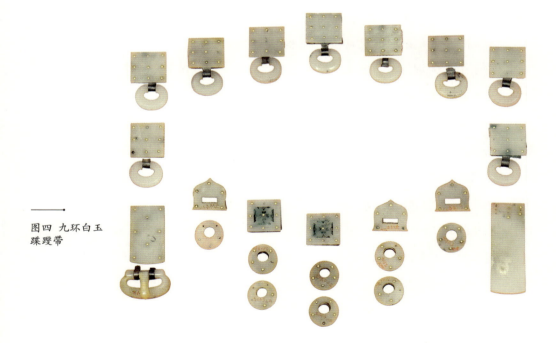

图四 九环白玉蹀躞带

这些部件中，有的残存银质的曲环包裹，有的背面残存铜衬板和织物衬底，还有的残留有金铆钉。通过这些我们可以大致复原出玉带原始的结构和工艺：玉带銙下垫一层皮质的鞓，鞓下有铜衬板，铜衬板下是一层棉麻织物，最下面一层是黑色的角质衬板。用金铆钉从玉带銙的表面穿入，依次穿过玉带銙、鞓、铜衬板、棉麻织物和角质衬板，再从衬板的背面将铆钉的头敲平，使各层紧紧连接在一起。

玉带中的方銙下还附带一个玉环，用一根扁银条与方銙相连接，这种样式的玉带被称为"蹀躞带"。玉环可用来悬挂一些随身物品，类似我们今天的钥匙扣，是一种非常巧妙且实用的设计。这种样式的革带原本起源于北方草原游牧民族的胡服，将随身物品悬挂佩带在腰带上，是为了方便骑乘及日常生活所需。这种蹀躞带在魏晋南北朝时期传入中原地区，唐代时成为男子常服的组成部分。蹀躞带所悬挂之物，除了如《新唐书》中描述李靖玉带所悬挂的火鉴（打火石）、大觿（以骨、角、玉等制成的用于解结的锥状用具）、算囊（贮放物品的袋子）以外，还可以悬挂佩刀、针筒、磨石、剔指刀等，上述物品合称"蹀躞七事"。

对于古人来说，在腰带上设计这些材质、造型各异的饰件，不仅仅是出于美观和实用的目的，还有彰显腰带主人身份等级、社会地位的巧妙心思。早在新石器时代，良渚文化墓葬中就已经发现了用来绑束腰带、系挂物件的玉质带钩，这些带钩通常出现在贵族或巫师等身份特殊的人群的墓葬中。在西晋以前，带钩是腰带上饰件的主流形式。到了西魏北周时期，随着革制的腰带越来越流行，腰带上的配饰也逐渐丰富起来，出现了带扣、带銙、铊尾俱全的蹀躞带。带銙的材质、数量均和其使用者的身份等级有密切关系。北周若干云墓曾出土了一副八环蹀躞玉带，为他生前所用。据墓志记载，若干云生前为"上开府仪同三司任城郡公"，为九命官员，相当于后世的从一品。

北周至隋代，只有天子可以用十三环金銙革带，人臣只能用九环金带。隋炀帝的墓中就随葬了一副十三环蹀躞金玉带，是目前所见等级最高的蹀躞玉带。唐初武德年间改革隋制，规定一、二品官员可以用金銙，九品以上可用银銙。高宗时又规定"文武三品以上服紫，金玉带十三銙，四品服深绯，金带十一銙，五品服浅绯，金带十銙，六品服深绿，七品服浅绿，并银带，九銙"，由此可见，何家村遗宝中的这副九环白玉蹀躞带为金与玉的结合，已经是革带中最高一等的材质了。

玉带在唐代非常珍贵，不仅是朝廷典章服饰用器，还是帝王赏赐功臣的物品。唐大和年间，李载义率兵平定了藩镇叛乱，唐文宗特赐李载义一副白玉带，以示褒奖。唐穆宗时期，左金吾将军杨元卿预见到河朔地区藩镇会发生叛乱，积极建言献策，却不被宰相重视。而后河朔果然叛乱，杨元卿的先见之明引起穆宗的注意，唐穆宗赐给杨元卿白玉带，并封他为泾原节度使。

玉带有时也是地方官员向朝廷贡奉甚至贿赂的"硬通货"。唐穆宗时宰相王播因"德不配位"被罢相调任淮南节度使。到唐文宗继位后，王播瞅准机会，向文宗献上玉带十三条、银碗数千、绫四十万，成功回朝再做宰相。

何家村遗宝中的这副九环白玉蹀躞带玉质温润洁白，是用珍贵的和田（古称于阗）玉制作而成的。魏晋隋唐时期，和田玉被认为是最上等的玉材，因此采用和田玉制作的玉带也常被西域各国作为进贡的"国礼"。唐高祖赐予李靖的玉带，便是于阗国进献的三副玉带中的一副。唐与吐蕃的关系时战时和，吐蕃使者就曾向唐王朝进献过玉带、金皿、獭褐、牦牛尾等珍稀物品以示交好。

除了这副九环白玉蹀躞带以外，何家村遗宝中还有九副玉带，出土时分别盛放在四个银盒中。其中，狮纹白玉带銙上雕刻十五只栩栩如生的狮子，狮子或走或卧、姿态不一，雕工精湛，充满动感；骨咄玉带玉色青黄，夹杂黑斑，或来自中亚地区的骨咄国；伎乐纹玉带玉质温润细腻，带銙上面雕刻胡人乐师的形象，他们有的击羯鼓，有的吹笙簧，有的吹排箫，有的捧长杯，一副胡乐飘飘的宴乐场景；白玛瑙带饰采用质地上好的白玛瑙制成，表面有白色的水波纹路，宛如一幅山水画卷。如此珍贵的玉带，在何家村遗宝中一次出土十副，可见窖藏规格之高。这些玉质莹润、造型别致、雕工精细的玉带，不仅展现出唐代的服章之美，更是唐代社会礼仪、等级秩序乃至外交关系等时代风貌的体现。

长说承天门上宴 百官楼下拾金钱
——"金钱会"上撒下的金、银开元通宝

唐先天二年九月的一天，天朗气清，惠风和畅。

刚刚接过父亲皇位的李隆基，登上了唐代皇帝颁布诏令、举办朝会、象征至高皇权的太极宫承天门。过往二十八载的人生历程，此刻一一在他脑海中回放：

出生时虽贵为皇子，却自幼经历父亲被废、母亲被杀、长期被幽禁于宫中的苦痛；唐隆元年，相时而动，铲除韦氏集团，助父重夺皇位；景云三年，父亲禅让，登基称帝；先天二年，翦除太平公主一党势力，掌握实权……

承天门下文武百官齐聚，山呼万岁，将李隆基的思绪拉回了眼前。低头瞩目，数百社稷纯臣拜服于脚下；凭栏远眺，整个长安城尽收眼底。此刻，他才真切地意识到，自己是一位真正的帝王了。

"赏！"玄宗长吁一口气。身旁的侍者将特制的金银钱倾撒而出，引得承天门下的百官争相捡拾，均以沐浴帝王恩泽为荣。这番热闹得近乎沸腾的景象，预示着唐代乃至整个中国历史上的"高光时刻"——开元盛世即将到来。

这种撒金银钱赏赐臣属的活动，称为"金钱会"，兴起于唐玄宗时期，直到宋代仍有遗风。唐代"金钱会"中所用的金银钱在何家村遗宝中可见到实物。何家村遗宝共出土金"开元通宝"三十枚、银"开元通宝"四百二十一枚，是用金和银仿照唐早期优质铜开元通宝的样式制作而成的。金、银开元通宝的样式与铜开元通宝无二致，方穿圆廓，正面楷书钱文直读"开元通宝"，钱文字迹清晰，笔画流畅，间架结构工整；金开元通宝背面光素，银开元通宝有的背面有月牙纹（图五）。

开元通宝是唐高祖时期发行的铸币，钱文由大书法家欧阳询书写，取"开创新纪元""流通宝货"的意思。开元通宝的发行结束了此前延续了八百余年的铢两记重货币的传统，为后世铸币奠定了样式、衡制的规范，更对日本、朝鲜、越南的铸币模式产生了深远的影响。

目前所见的唐代开元通宝从材质上看，有铜质、铜鎏金、铜涂金、铜包金、银质、金质、玳瑁质，等等。除了铜质开元通宝为流通货币，玳瑁质开元通宝用于礼佛供养外，金、银类开元通宝常用于赏赐、礼仪和厌胜等活动中。银开元通宝在除何家村窖藏外的其他地方也有发现，但金开元通宝目前仅见于何家村遗宝中。这三十枚金开元通宝与珍贵药材"大粒光明砂"、白玛瑙带板、麸金、金钏金钗一起盛放在一个银盒内，足见其珍贵。从银盒内的墨书可知，唐代称金开元通宝为"真黄钱"。通过现代科技检测可知，这些金开元通宝的含金量在81%～94%，纯度较高。

金与银本就是难得的贵重金属，金银制品则更被人们赋予了祈福祥瑞的文化内涵。金银钱除了用于"金钱会"这种君王赏赐臣属的活动外，还在宫廷娱乐、占卜、仪式、婚礼等场合出现，寄托了人们对美满幸福的憧憬和向往。

唐代内廷宫人们会玩一种抛掷金钱的游戏来消磨时光。据《开元天

图五 金、银开元通宝

宝遗事》记载，每到春日风和日丽之时，嫔妃们便三五结伴，以抛掷金钱取乐，为赏春之行助兴。有时皇帝也会加入游戏中。元代《类编长安志》中就曾记载一则轶事：玄宗和众妃子在花萼相辉楼前比赛抛掷金开元，谁抛得远，便以金觥作为奖赏。后来这种游戏还被传到宫外，在长安贵族中流行，成为一时风尚。

唐代宫廷中凡有皇子皇女诞生，会在新生儿诞下三日或满月时举办盛大的"洗三礼""洗儿会"，为皇子女清洗身体，以示祛病除秽。来参加洗儿仪式的宾客会在为孩子洗身的盆中放入金银钱，称为"添盆"，表达对孩子的美好祝愿。仪式结束后，大家还会将洗儿钱分别带走，有分享喜悦福气的寓意。唐代诗人王建的《宫词》中就有一首描绘洗儿礼中宫人分享洗儿钱的热闹景象：

> 日高殿里有香烟，万岁声长动九天。
> 妃子院中初降诞，内人争乞洗儿钱。

《资治通鉴》还记载了一则与洗儿钱有关的奇闻轶事：唐玄宗和杨贵妃非常宠信胡人安禄山，甚至认其为养子。天宝十载（公元751年）安禄山生日那天，唐玄宗和杨贵妃赐给他华服、珍宝和美酒佳肴等丰厚的生日礼物。生日后的第三天，杨贵妃召安禄山进宫，要替这个"干儿子"举行洗三仪式。杨贵妃命人将安禄山当作婴儿一样包裹在锦绣制成的大襁褓中，并置于彩轿，抬着转来转去。安禄山肥硕的身躯和婴孩般的装扮形成鲜明的对比，逗得众人喧笑不止。唐玄宗闻后非但不怒，反而龙颜大悦，亲自前往查看，并赏赐贵妃洗儿金银钱。

金银钱在唐代婚礼中也是不可少的"道具"。新郎新娘在行完拜礼后，并坐在床沿，这时礼官会将金银钱抛撒在床上，称为"撒帐"。撒帐的婚俗在汉代已有。史籍中记载，汉武帝和李夫人共坐帐内，宫人们向他们抛撒五色同心果，汉武帝和李夫人用衣裙接住，取多果多子的寓意。唐代贵族婚礼撒帐便使用金银钱了。相传唐睿宗的女儿荆山公主结婚时，特意铸了一批钱文为"长命富贵"的金银钱用来撒帐，还命近臣和修文馆学士拾钱，使婚礼热闹非凡。

撒帐时还会唱"撒帐歌"来表达对新婚夫妇的祝福。唐代的撒帐歌比较简短，没有固定的格式，类似祝词。敦煌写本中记载了一首这样的唐代撒帐歌：

今夜吉辰，厶（某）氏女与厶（某）氏儿结亲。伏愿成纳之后，千秋万岁，保守吉昌。五男二女，奴婢成行。男愿惣（总）为卿相，女即尽娉公王。从兹祝愿，已后夫妻，寿命延长。

宋代时撒帐歌则以"撒帐东……撒帐西……撒帐南……撒帐北"的套路编排，语言更加通俗化，增加了戏谑的成分。至今在我国的婚礼习俗中，仍会在新人的床上摆放红枣、桂圆、莲子、花生等有吉祥寓意的果品，这可被视为撒帐习俗的延续。从古至今，无论是撒金银钱，还是撒各色果品，都表达了对新人们生活美满幸福的美好祝愿。

唐代道教盛行，在一些占卜、赌卜仪式中，也会使用到金钱，称为"金钱卦"或"金钱卜"。以钱占卜相传是汉代易学家京房所创。占卜时将三枚金钱（或铜钱）抛掷在地上，通过钱币的正反面、翻转次数等来确定卦象，以判断吉凶、成败、归期、远近等。"金钱卜"在宫廷和民间都很盛行。《开元天宝遗事》记载了一则玄宗朝时"投钱赌寝"的轶事，"明皇未得妃子，宫中嫔妃辈，投金钱赌侍帝寝，以亲者为胜。自杨妃入，遂罢此戏"，即通过投掷金钱来确定侍寝的人选。而在民间，以金钱占卜则被赋予了妇女因思念丈夫或情郎而占卜盼聚的文化内涵。唐诗中有一类被称作"钱卜"诗，如于鹄《江南曲》："偶向江边采白蘋，还随女伴赛江神。众中不敢分明语，暗掷金钱卜远人。"表达了女性思念爱人却不敢明言，只能通过掷金钱期盼爱人早日归来的纠结、急迫的心情。诗文中的"金钱"未必真的指用黄金制成的钱，但以"掷金钱"表达对恋人的思慕，已经成为文学作品中的一个固定意象，直到明清时期还有沿用，如明代徐熥《竹枝词》："忽听楼头鼓乱敲，模糊月色上花梢。郎今去住无消息，暗掷金钱卜一爻。"清代董以宁《醉太平·金钱卜》："鹊儿不断，灯儿不管，紫姑仙不曾明判，掷金钱再算。青蚨飞去还飞转。只郎去，归偏缓，待点六爻还未半，奈心丝先乱。"

"长说承天门上宴，百官楼下拾金钱。"一场"金钱会"，将开元全盛日的豪奢、大气、富足、雍容反映得淋漓尽致。这四百五十一枚毫无使用痕迹的金、银开元通宝在种种因缘巧合下被长埋地下，封存在这何家村遗宝之中。如今，它们正静静地躺在博物馆的展柜之中，向我们诉说一个金银璀璨的盛世故事。

进入琼林库 岁久化为尘
——鎏金折枝花纹银盖碗与唐代进奉之风

开元年间,唐朝进入全盛时期,史称"开元盛世"。

随着国力日益强盛,宫廷的吃穿用度日益奢侈,后宫的赏赐也越发没有节制。为皇室生活提供保障的内藏库,逐渐负担不起皇家的豪奢生活了。于是,玄宗便时常从左藏库、右藏库中支取钱财、宝物、珍玩。

此举招来了朝廷诤臣非议。左藏、右藏乃国家正库,负担百官俸禄、军费粮饷以及祭祀所需,事关国家财政命脉,岂是皇帝一人之私产?

进言一多,玄宗也觉得此举不太妥当。但自古由俭入奢易,由奢入俭难,内库无法负担皇室的巨额开销,又不能随心所欲地到左右藏库中去拿取,这该如何是好呢?

时任户口色役使的王鉷察觉到了玄宗的心思,便每年都上贡百亿钱,贮藏于皇帝内库,以供皇室私家用度。他还"贴心"地向玄宗解释:"这些钱都是租庸调以外的,与国家的经费无关。"此"两全之策"正合皇帝心意,于是更对王鉷厚爱有加。

殊不知,此举掀起了一直持续到唐末的进奉之风,并以滴水穿石的力量，对唐朝的国运走向产生了不可估量的负面影响。

在何家村遗宝中，有一件精美的鎏金折枝花纹银盖碗。盖碗与一般碗相比，体量较大。碗腹垂鼓，有矮圈足；碗盖形似一倒扣的盘，有圈足状捉手。碗盖中心处饰一朵六出团花，捉手外一周饰六朵桃形忍冬纹；碗腹壁一周饰六朵折枝花，花形各不相同。碗盖内壁有墨书"二斤一两并底"，碗内底有墨书"二斤一两并盖"，均为标重文字。在碗圈足内还刻有一个"進"字，说明这件盖碗应为进奉之物（图六）。

图六 鎏金折枝花纹银盖碗

进奉,是中央和地方官员向皇帝的"特贡",所供之物直接纳入皇帝的内库,供其私用。进奉之事在唐朝初年并不多见。唐高祖曾说过,"逸游损德,玩物丧志",认为那些珍宝玩物"皆非实用",凡各地"有此献,悉宜停断"。钦州总管献大珠,昆州刺史、融州刺史、象州刺史一起献筒中布,建州刺史献练布,吴玉、杜伏威献竹帐,唐高祖认为全都是劳民伤财之举,一概不予接受。唐高宗还曾下《停诸节进献诏》,明令禁止进奉,违者还要追究其责任。可见,唐初的统治者多励精图治,以恢复经济、发展社会、稳定民心为己任,在吃喝享乐方面并无太多追求。

到了武周时期,进奉之事逐渐多了起来。据《旧唐书》记载,怀州刺史李文暕在民间搜刮金银,遍寻能工巧匠打造成一种不管是向内注酒还是向外倒酒,樽中酒量始终为定值的神奇酒樽——常满樽献给武则天,以奇技淫巧邀宠。百姓对此怨声载道,官吏们虽心有不满却不敢议论。

玄宗朝时,进奉之风开始盛行,所进奉之物的数量逐渐增多,种类也更加丰富,包括金银、钱帛、器服、珍玩、骏马等,其中金银占较大比例。1956年西安东郊曾出土几枚银铤,从铭文上看,银铤分别为信安郡的税山银和宣城郡的和市银,本为地方常规税银,却被时任铸钱使、兵部侍郎兼御史中丞的杨国忠"公器私用",加刻铭文后以"进"的名义献给皇上,以"媚上取巧"。据史书记载,玄宗天宝年间,安禄山曾多次向皇帝进奉幡花香炉、玉石天尊、金窑细胡瓶、银平脱胡床等珍奇宝物。凡进奉物品皆入皇帝内库供其私用,以至于"珠翠填咽,库藏盈溢",为此,玄宗在大明宫设大盈库来收藏所进奉之物。安史之乱时,叛军还专门洗劫了大盈库,以获取财宝。

安史之乱之后,进奉之风不止,且从私人的偶发行为演变成有制度的常态化行为。唐代宗时"四节进奉"成为定制,即一年当中的皇帝生日、元旦、端午、冬至四个节日例行进奉,此制度在整个中、晚唐时期一直沿用。唐代宗的生日称为"天兴节",每年的这一天,诸道节度使纷纷献上"珍玩衣服名马二十余万计""衣服名马及绫绢凡百余万"为皇帝祝寿，极尽铺张。冬至、元旦是一年当中的重要节日，唐代重臣李德裕曾在冬至及元旦"常进器物料内金银，充约计二十具，共当银一万三千余两，金一百三十余两"。唐代诗人令狐楚曾在元日进奉披挂有精美鞍辔的马匹，并写就《元日进马并鞍辔状》，称进马是"愿将行地之功，以奉如山之寿。千烦宸严，伏增战汗"，有美好寓意。现流藏至日本的一件唐代银铤上刻铭文"端午进奉银壹铤重伍拾两""浙江西道都团练观察处置等使大（太）中大夫检校礼部尚书使持节润州诸军事兼润州刺史御史大夫上柱国赐紫金鱼袋臣崔慎由进"，可见这是唐朝重臣崔慎由为庆贺端午而进奉的。

除"四节进奉"外，皇帝还常以进奉的名义敛纳钱粮、马匹、武器以充实军备，称为"助军进奉"。《册府元龟》《资治通鉴》中对此多有记载，如彭原太守李遵进奉衣服器械资粮以助军；宣武节度使韩弘献绢二十五万匹，绝三万匹，银器二百七十，左右军尉各献钱万缗；处州刺史苗稷进助军钱绢二万六千匹、鞋一万双、箭一万只，等等。此举既抑制了藩镇势力，又节约了中央军费开支，是中唐以后的常见做法。除此之外，唐代还有"日进""月进""羡余""代易进奉""入朝进奉"等种种进奉方式和名目，可见唐代进奉之风之盛行。

在众多进奉的物品中，金银器占比很大。由于金银本身材料贵重稀少，质地适合制作成各类精美器具，再加上唐代皇室又格外崇尚金银，因此官员进奉时常将金银器作为首选。出土于西安北郊、现藏于陕西历史博物馆的唐代鎏金双凤纹银盘就是一件进奉银器。这件银盘造型别致，呈六曲葵花形，盘内饰双凤折枝花和双鸟衔花等纹饰。盘底刻有"浙东道都团练观察处置使大中大夫守越州刺史兼御史大夫上柱国赐金鱼袋臣裴肃进"的铭文。裴肃是史料中记载的唐代有名的"好进奉"之人，早在他还是常州刺史时，就变卖薪炭、案纸等物资用来支撑进奉的花费，由此成功当上了浙东观察使，故两唐书中有"刺史进奉，自肃始"这样的描述。虽然我们知道刺史进奉并不完全是从裴肃开始的，但史料中的记载说明，裴肃的进奉行为在当时的确产生了巨大影响。

官员们这么热衷于进奉，除了有朝廷的例行规定外，也因为进奉能为他们个人带来很多实际的好处。除了像裴肃那样依靠进奉为自己邀官外，还有像杨国忠、安禄山那样意欲取悦君王、拉拢关系，从而达到自己更大的政治目的之人。然而，进奉对百姓、对国家来说，绝对是弊大于利的。李绛曾上书唐宪宗说，如果官员们都奉公无私，哪里来的进奉之资？官员们进奉所费，并非是他们的家财和俸禄，而是官家财产，说到底，都是民脂民膏。为了向皇帝进奉，地方上往往采取"割留常赋""增敛百姓""减刻利禄"等手段，将额外的、沉重的赋税通通都加在了老百姓的身上。

此外，进奉还会导致原本应上缴国库的财物减少，国家收入减少，正常的财政秩序被破坏，国家运转随之出现问题。大量财物集中到皇帝私人内库，而内库多由宦官掌管，内库的收入出纳都要经宦官之手，宦官又和进奉的官员相勾结，形成裙带关系，久而久之，宦官专权而皇帝成为傀儡，官场风气日益败坏。这样的恶性循环使得晚唐时期民不聊生，民怨载道，最终加速了唐王朝的覆灭。

今天，我们看到这些精美的唐代金银器上刻着的"进"字，实际上是一个警醒：任何一个朝代、一个国家，只有将人民群众的利益放在首位，将百姓的福祉放在心上，才能真正长治久安，国祚绵长。

第一章 礼仪制度

意内称长短 终身荷圣情
——金碗、银盘与唐代帝王赏赐之风

长安东市，商铺林立，车水马龙。这里是唐长安城中数一数二的繁华、富庶之地，许多达官显贵、豪商巨贾都在此周围居住。

东市西南角的亲仁坊中，一座新宅刚刚落成。这是唐玄宗特别下旨为宠臣安禄山重金打造的豪宅，层楼叠榭，极尽奢华。

天宝九载，安禄山献俘虏，立下军功，由此迁入新宅。

乔迁那天，场面盛大。宫中侍从们抬着玄宗赠与安禄山的"乔迁礼物"，从新宅门口一直排到坊墙之外。

让我们来近距离看看这些"礼物"都有什么吧：一丈七尺的大幅屏风上，用银平脱技法装饰着繁茂的花鸟图案；长一丈、阔六尺的白檀香床，搭配着银平脱的床帐和金帐钩；盛米的罂用纯金打造，足足能盛五斗米；淘米的魁为银打造，大到能盛五斗；就连箩筐、笊篱等杂物都以银丝编成；更不要提数不胜数的金剪刀、银凿、银锁等日用器具了。

即使我们发挥最丰富的想象力，都难以体会这么多金银珍宝汇聚一室的璀璨奢华。

而这，仅仅是大唐王朝君主对臣子的一次赏赐。这样的赏赐，在整个唐朝上演了千余次，钩织起唐王朝君臣之间互为依靠又相互掣肘的微妙而复杂的君臣关系。

赏赐，是历朝历代君王对臣子的表彰活动，是国家政治活动中的重要组成部分。"夫赏，国之典也，所以褒有功、劝能者。为国之大柄，藏在盟府而不可废焉。历代而下，致治之后，曷尝不旌劳显庸、录勤眷善，报之以封爵，宠之以名秩，赍之以金帛，赐之以车服，颁之于公朝而不僭，载之于史策而弗忘。是故懋功之义明而邦典有叙，为善之效速而人伦知劝"，即君主通过物质和名誉上的奖励，来达到表彰先进、树立典范的教化目的。

据统计，在唐代，君主给臣子的物质赏赐共一千多次，赏赐的物品有绢帛绫罗、金银珠玉、农畜产品、房屋田产、丹药方剂，等等。这其中，金银制品占据重要地位。

由于金和银本身材料稀少，质地贵重，再加上唐人，尤其是唐朝的统治者受神仙方术思想影响，相信以金银为食器可延年益寿，因此，唐代宫廷和王公贵族喜用金银制成的器皿。但是，贵重的金银制品并不是有钱就能够随意购买、享用的。《唐律疏议》中记载，"器物者，一品以下，食器不得用纯金、纯玉"，说明金银器在很大程度上已经成为社会等级的标志。

因此，贵重的金银器物也自然成为君王赏赐大臣的首选物品。以金银器为封赏，不仅是看重金银的珍贵质地，更代表了赋予臣子使用金银的特权。在众多用作赏赐的金银器物中，碗和盘是最常见的，也是数量最多的。比如，贞观三年（公元629年），唐太宗为了褒奖凉州都督李大亮直言诤谏，将自己使用的金碗、金胡瓶赏赐给他。安禄山过生日时，唐玄宗和杨贵妃不仅赐他众多金银珍宝，连生日宴席盛山珍海味的金银碗盘也一并赐给了他。唐文宗时，翰林承旨学士王源中和兄弟关系和睦，文宗赐其金碗和美酒以褒奖他们"兄友弟恭"。

金、银碗是唐代宫廷贵族最常用的一类饮食器具，可用来盛食、盛酒、盛药等。何家村遗宝中，各类金银碗共计六十多件。碗的造型丰富多样，有圜底的，也有带圈足的；有鼓腹的，也有折腹的；有敞口的小碗，也有带盖的大碗。纹饰方面，有装饰着精美团花、走兽、鸳鸯纹饰的鸳鸯莲瓣纹金碗；也有碗内底和外底分别錾刻飞凤和腾龙的葡萄龙凤纹银碗；更多的是不带装饰纹样的素面银碗，碗内底大多有标识金、银重量的墨书（图七）。

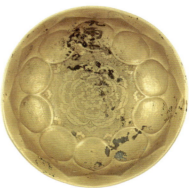

图七　鸳鸯莲瓣纹金碗

除了金银碗以外，银盘也是何家村遗宝中数量颇多的一类饮食器。何家村遗宝中共有六十二件银盘，其中鎏金龟纹桃形银盘、鎏金双狐纹双桃形银盘、鎏金熊纹六曲银盘、鎏金飞廉纹六曲银盘、鎏金凤鸟纹六曲银盘，以及鎏金线刻凤鸟纹小银盘，因造型独特、纹饰精美而格外出众，其余均为大小规格不一的素面银盘，有些带有标重的墨书（图八）。

图八 素面银盘

唐朝时，皇帝赏赐的名目繁多，最主要也最常见的是奖励那些为巩固、维护政权建功立业的文臣武将。裴寂、秦叔宝、李孝恭等众多将领曾经跟随李渊、李世民参加隋末起义和唐初的统一战争，为唐朝的建立和巩固立下了汗马功劳，他们自然成为唐朝初年封赏的主要对象。如秦叔宝（秦琼）就因破尉迟敬德、胜宋金刚、平王世充而获赏金瓶和黄金百斤。唐先天二年（公元713年），玄宗发动政变，清除太平公主一党势力，重新掌控大权，在此过程中，王琚、姜皎立下了大功，获得了"金银器皿各一床"的厚赏。

唐朝早期，统治者励精图治，广开言路，鼓励大臣们直言进谏，并对敢于"极言规谏"的大臣给予物质赏赐。魏徵是太宗朝有名的诤臣，其一生诤谏万余次，也因敢说敢言、大公无私而受赏多次，共计黄金十斤、金瓮一件、绢三千三百匹、马二匹、佩刀一把。

此外，唐朝对政绩突出者、振兴文教者、忠孝廉义者，均会给予不同程度的赏赐，旨在为百官和世人树立典范，发挥见贤思齐的引导作用。

除了针对个人行为表现的赏赐外，唐朝还会在新帝登基、改元、重大祭祀、重要节日时进行例行赏赐。每年腊八那天，皇帝会对大臣进行例赏，称为"腊日赏赐"。因天气寒冷，腊日赏赐的物品主要是面脂、口脂、红雪、紫雪等护肤保养品。这些精致的护肤品被盛装在金、银盒中，外面扎着丝带花结赐予大臣们，体现出皇帝对朝臣的体恤和关爱。端午时节气温渐暖，蚊虫渐生，民间素有祛邪避秽的传统。每年此日，皇帝会赏赐大臣衣物、药物及银器等，由中使携赐物及皇帝手谕去大臣家宣敕。

臣子们在获得赏赐之后，需要向皇帝谢恩，由此推动了谢表这一文体在唐代的迅速发展。谢表中一般会言明何人因何事收到何种赏赐，并表达对皇帝的感激之情。谢表多为骈体，篇幅短小，辞藻华丽。唐中宗时期的宰相李峤就曾写过多篇谢表，如在《谢端午赐衣表》中表达了他在端午时收到"端午衣一副，银碗百索等，大将衣两副者"的赏赐后，"承恩捧诏，心悸汗流"的激动心情，自己受皇帝恩泽实在有愧，唯有"伏惟鸿造，俯察丹诚"以报皇恩。玄宗朝宰相、文学家张九龄在得到玄宗赏赐的香药金银盒子、面脂、衣香等物后，呈上《谢赐香药面脂表》，"捧日月之光，寒移东海；沐云雨之泽，春入花门。雕奁忽开，珠囊暂解，兰薰异气，玉润凝脂。药自天来不假淮王之术；香宜风度如传荀令之衣……"，夸张地表现了所赐物的珍贵稀有，辞藻华美，文采颇佳。唐代的谢表也流行"内卷"。很多文采不佳的大臣受到赏赐之后，为了给皇上留下好印象，还会延请名家代笔，如唐代著名文学家李商隐就曾替人撰写了《为平安公谢端午赐物状》《为荥阳公端午谢赐物状》等。

皇帝赏赐臣子，多是为表彰臣子的功绩、品行和忠心，通过赏赐金银珠玉、香车宝马来激励臣子们更好地为国效力。当然，也有反其道而行之的。长孙顺德是唐开国功臣，又在玄武门之变中立过大功，唐太宗对他很是器重，让他负责监理的重任。在监理奴仆的过程中，长孙顺德发现有人倒卖宫中的财宝以中饱私囊，但他收受了这些奴仆的贿赂，便没有追究他们的罪责。此事被唐太宗发现后，非但没有处罚长孙顺德，反而赏赐给他数十匹绢。大理寺少卿胡演进问太宗："长孙顺德贪赃枉法，罪不可恕。为何您非但不处罚他，反而赐他绢帛呢？"太宗回答道："人是有灵性的，我这时候赐他绢帛，比刑罚还管用。如果这样他还不觉惭愧，那他就和禽兽一样了，杀了他也没用。"果然，长孙顺德在收到赏赐后，心中懊悔不已。他后来任泽州刺史时，革除之前官员向百姓索要馈饷的旧弊，法纪严明，百姓称其为"良牧"。可见，帝王对大臣的赏赐不仅仅是物质行为，更是一种"心理战术"。

皇帝赏赐臣子的珍宝，多半出自皇帝自己的内库，是皇帝的"私有财产"。唐太宗赐给凉州都督李大亮的金瓶、金碗，"虽无千镒之得，是朕自用之物"。于邵在收到皇帝赏赐的银壶、碗、盒、瓶以及绫罗锦缎后，深感惶恐，便又将这些赏赐的银器进奉给皇帝。可见，唐朝时流行的官员进奉和皇帝赏赐行为，实是"一体两面"。通过这一来一往的物件互动，皇帝和臣子之间构建起更加紧密的关系。而进奉、赏赐行为背后所牵涉的物质实体，又如蝴蝶效应一般，对唐代的政治、经济和社会的发展产生着或积极或消极的影响，从而影响着唐代的国运走势。

第一章 礼仪制度

复彼租庸法 令如贞观年
——银饼、银铤与唐代的赋税制度

赋税，是一国经济之本，也是支撑社会正常运转的保障。

唐十道三百余州千余县，每年都要向朝廷缴纳赋税，共同维持这个庞大国家机器的运转。

怀集、洊安两县地处岭南，离唐廷的政治中心山重水远，每年将纳税的粮食、绢帛运送至长安，都要经历重重阻碍，颇有些"看天吃饭"的意思。一场大雨或连日干旱，都可能导致漕运通行异常，一趟行程往往要耗费数月甚至半年，负责押运的官吏只能眼睁睁地看着税粮腐烂，至运抵京师时往往已不足额足数。因此在预备税粮时就需要将沿途损耗考虑在内，徒增了百姓不少负担。

朝廷中的有识之士也意识到这种纳税方式的弊端，于是便陈情皇帝，建议可将各州府每年应缴纳的粮食、布帛折算成银两，以税银的方式进行缴纳。这对怀集、洊安县来说无疑是个好消息。两地所处地区自古多银矿，以银纳税可谓是"恰合时宜"。

在何家村遗宝中，有二十二枚银饼、六十八枚银铤，为我们真实再现了这段以银代替实物纳税的史实。何家村遗宝的银饼中，有四枚正是怀集、洊安县缴纳的税银。"怀集银饼"上有刻文"怀集县开十一 / 庸调银拾两 专 / 当官令王文乐 / 典陈友 匠高 / 童"（图九）；其中一枚"洊安银饼"上刻有"洊安县开元 / 十九年 庸调 / 银拾两 专知官 / 令 彭崇嗣 / 典梁 / 海 匠陈宾"；另两枚"洊安银饼"上的铭文与这枚基本相同，唯"匠"为"王定"（图一〇）。

银饼上的铭文为我们了解唐代的赋税制度提供了丰富的信息。首先，铭文上的"庸调"，指的是唐代早期实行的赋税制度——租庸调制。唐初，由于经历了连年战乱，社会经济凋敝，人口锐减。为了恢复社会经济秩序，充实国库，稳定国本，唐高祖武德二年（公元619年）颁布了唐朝的基本赋税制度——租庸调制，规定每个成年男子（丁）每年需向国家缴纳两石粟，称为"租"；缴纳绢、绸、绫、棉布、麻布等土产，称

图九 怀集银饼

图一〇 洊安银饼

为"调";每男丁每年还需服役二十天,如果不服役或少服役,则需要额外缴纳每日三尺的绢,称为"庸";若多服役还可通过劳动来折抵"租"和"调"。

通过"租庸调制"和"均田制"的结合,唐王朝在立国之初在一定程度上使人民有田所耕,同时充实了国库。然而,这种缴纳实物赋税的方式也存在很多弊端。《唐会要》中记载,永淳元年(公元682年),太常博士裴守真向皇帝上书指出,在粮食、布帛等纳税物品收交、运输的过程中,会平白生出很多事端。比如租庸调制规定的所缴纳的绢帛布匹的尺寸是长四丈、宽一尺八寸为一匹,然而地方在执行时,向百姓征收的布帛一匹却长五丈。这多出的一丈,往往就被地方克扣,给百姓增加了负担。作为"租"的粮食不仅会在漫长的运输途中产生损耗,一些官吏还会擅自将租米转卖中饱私囊,这一切都极容易导致地方官吏对百姓的盘剥重敛。

更重要的是,"租庸调制"的基础是"均田制",即每人平等地拥有土地,并从事农业生产。而事实上,随着社会发展,官府大兴土木,所需要的劳动力越来越多,百姓徭役渐重,无暇或无能力从事农耕;贫富分化加剧,豪强兼并土地致使贫者无田可耕。"均田制"被破坏,使得缴纳粮食布帛等实物的"租庸调制"无法推行下去了。因此,朝廷对赋税制度进行了改革,规定"凡金银宝货绫罗之属皆折庸调以造",即将原本租庸调征收的粮食、布帛折算价值,"变造"成"轻货",运送至京师国库。何家村遗宝中众多的银铤、银饼,正是"以银纳税"的实物证据。

银饼铭文还给我们透露出一个信息,即唐代对这种"庸调银"有很严格的管理制度,制作好的银饼要经过层层审核才能被纳入国库。银饼上的"专知(当)官令"是御史台下专门负责左藏库出纳、行监察之职的殿中侍御史,"典"可能是左藏典事,"匠"可能为具体审核银饼重量、成色的工匠。银饼上清楚錾刻着其来源地、缴纳时间、性质、重量以及每一级负责勘验入库的人员的官职、姓名，确保保管有序、有据可查。对于勘验后与应纳税额不一致的，还需进行增补，"怀集银饼"上就有一块银料为称验发现重量不够而后补的。

实际上，唐代不光是"租"和"调"的粮食、布帛可换算成银饼、银铤，其他税收也可折银纳税。洛阳唐宫城遗址曾出土一件银铤，正面有铭文"专知采市银使右相兼文部尚书臣杨国忠进"，背面刻"安边郡和市银壹铤伍拾两""专知官监太守宁远将军守左司卿率府副率""充横野军营田等使赐紫金鱼袋郭子昂""天宝十二载十二月 日"等字样。"安边郡"属唐河东道，是唐与突厥交战的边郡，位于今河北蔚县一带。铭文明确指出该银铤性质为"和市银"，即将从边郡收购来的土产和物品变造为"轻货"银上交给朝廷。

1956年，西安市东北郊第一砖瓦厂曾发现一处唐代金银器窖藏，出土物中有银铤一枚，上面有"专知诸道铸钱使兵部侍郎兼御史中丞臣杨国忠进""中散大夫使持节信安郡诸军事检校信安郡太守上柱国尉迟巖""信安郡专知山官丞议郎行录事参军智庭上""天宝十载正月 日税山银一铤五十两正"等字样，表明此银铤是信安郡因开采银矿向朝廷缴纳的采矿税。

1963年西安市长安区还采集到一枚银铤，上刻"天宝十三载采丁课银一铤五拾两"等铭文。"采丁"应指开采银矿的工人。用自己开采的银来折冲课役，说明劳役也可以用银来折算纳税。

那么，各地交给中央的银饼、银铤最后去了哪里呢？银饼、银铤上的铭文和墨书给了我们线索。何家村遗宝中，有一枚银铤上面刻文"拾两 太 北 朝"，有两枚刻文"五两 太北 朝"，有五十三枚刻文"五两 朝"。铭文中的"太"，指太府寺；"北"指北内，即大明宫；"朝"指朝堂库；"太北朝"的意思就是大明宫太府寺朝堂库。唐代中央机构设置"三省六部九寺五监",太府寺就是"九寺"之一,是中央级的财务出纳机构,主管全国送往京城的赋税和折租之物,以及贡物的收纳、贮存、保管与出给,相当于我们现在的"财政部"和"税务总局",是国家经济管理的主要部门。

太府寺下面还设有一些重要机构,如两京都市署、平准署、左藏属、右藏属、常平署等。诸市属主要主管长安、洛阳两京的市场,负责检验市场上出售的产品是否合格合规,维护正常交易秩序,防止市场垄断、哄抬物价,以及市场日常的开闭、巡逻等。何家村遗宝中有四枚银饼上分别有墨书"东市库郝景／五十二两四钱""东市库赵忠／五十两""东市库□□□／卅五两半""□市库赵□／五十两半",有学者推测这些银饼可能是在东市做生意的商家交给长安东市的管理机构——东市署的税银。

太府寺下设的左藏属负责地方上交赋税的钱物、布帛、杂彩等的贮藏与出纳,其下设东库、西库、朝堂库和东都库。前述刻有"朝"字铭文的银铤正是左藏属朝堂库收纳的税银。左藏属负责收纳地方赋税,朝廷的重要支出——百官俸禄、军费等,自然也由左藏库支出。此外,皇帝的一些私人赏赐、使用,也会临时从左藏库支出。右藏库则主要负责贮藏、出纳全国各地以及各藩国进贡的珍奇宝物,主要负责供给皇帝及皇室成员的日常生活,相当于皇帝的"私人宝库"。

何家村遗宝中的众多银饼、银铤,不仅为我们了解唐代税收、库藏制度提供了宝贵的材料,也为我们探秘何家村遗宝的"主人"提供了线索。能够汇集、调配这么多来源不同、种类不同的税银的人,一定身份特殊。因此有学者据此推测,窖藏主人可能是唐德宗时期的租庸使刘震。在泾原兵变爆发时,管理官府财务的他借职务之便,携库藏税银仓促出逃,将这些财宝埋藏于其位于兴化坊的住宅内。据唐代的传奇小说《无双传》描述,在泾原兵变平定后;刘震夫妇因在战乱中投靠叛军而被双双斩首。这批珍宝也因此长埋地下,再不为世人所知了。

第二章 民俗风尚

何家村遗宝里的大唐风华

回看射雕处 千里暮云平
——从狩猎纹高足银杯看唐人的狩猎风尚

"风劲角弓鸣，将军猎渭城。草枯鹰眼疾，雪尽马蹄轻。忽过新丰市，还归细柳营。回看射雕处，千里暮云平。"唐代诗人王维的《观猎》为我们描绘了一幅生动形象的唐人狩猎画卷：长安西北，渭水北岸，其时平原草枯、积雪已消，一位英姿勃发的将军纵鹰击捕，驱马追逐。在射猎的喜悦和满足感陪伴下，将军的归途似乎变得很短，傍晚的天色也显得风平云定。

而在何家村遗宝中，有一件狩猎纹高足银杯，上面的画面正是一幅真真切切的唐人狩猎场面。银杯是由杯体、托盘和高足三部分分别捶揲成型后，再使用焊接、铆接技术而整体成型的。通体抛光之后，工匠在杯的外壁从上至下錾刻了满满的鱼子纹底和各种装饰纹样。杯腹上部的一周凸棱和下部的一周条带，将腹壁的装饰纹样分为三区，其中上下两区均为波浪形的缠枝花纹，中间区域装饰的即为整个杯子的主题纹样——狩猎图。狩猎图描绘了两组狩猎场面，其中一组两狩猎者正围猎一只野猪。只见前面一人骑马转身向后射箭，后面一人纵马疾驰向前射箭，中间是一只惊恐万状、狂奔欲逃的野猪；另一组前面一人扭身回头正欲张弓取箭，后面一人刚刚将箭矢射出，中间是两只奔跑的鹿，其中一只鹿已经中箭。整幅狩猎图，抓住了狩猎过程中最为精彩的瞬间，通过拉满弓弦的猎手、四蹄腾空的骏马以及拼命逃跑的野猪和野鹿，将紧张而激烈的狩猎场面表现得生动鲜活、淋漓尽致（图一一）。

图一一 狩猎纹高足银杯及杯腹纹饰线图

何家村遗宝里的大唐风华

狩猎，俗称打猎，古代也称"田猎""畋猎""游猎""射猎"等。狩猎源于原始先民的社会生产活动，是人类最早掌握的生存技能之一。随着人类文明的发展和社会生产力的提高，狩猎逐渐由生存谋食的手段演变为具有多重目的的综合运动。对于久居宫室的王公贵族来说，狩猎活动最为显见的吸引力就是在自然环境中跃马驰骋的快感，以及可以练习骑射、强身健体的附加功能。同时，在狩猎过程中还可以借机考察王公子弟的风姿英略，获得祭祀所需的牺牲，猎杀凶禽猛兽为百姓除害，亲近百姓来体察民风民俗等。

唐代狩猎之风最为盛行，上自皇室贵族、文武百官，下至文人墨客、风流雅士，都非常喜欢出行狩猎。唐代帝王大多爱好狩猎，有出猎活动记载的帝王占半数以上，其中以高祖、太宗、高宗、玄宗、武宗最为热衷。据《新唐书》记载，唐高祖李渊一生参加的狩猎活动有数十次，甚至一年就要进行两三次狩猎活动。唐太宗李世民对狩猎活动更是情有独钟，几乎每年都要狩猎，还认为狩猎是作为大丈夫在世的三大乐事之一。据史书记载，贞观五年（公元631年），太宗与蕃夷君长在昆明池狩猎，太宗对高昌王麹文泰说："大丈夫在世，乐事有三：天下太平，家给人足，一乐也；草浅兽肥，以礼畋狩，弓不虚发，箭不妄中，二乐也；六合大同，万方咸庆，张乐高宴，上下欢洽，三乐也。"

唐代在长安、洛阳两京设有大面积的皇家禁苑，专供皇室观景赏玩和休闲打猎之用。据《旧唐书》记载，长安的禁苑"东西二十七里，南北三十里，东至灞水，西连故长安城，南连京城，北枕渭水"。但是，皇室的围猎活动并不局限于两京的禁苑中，咸阳、渭川、三原、高陵、富平、沙苑、昆明池、骊山、华山、雍城等畿辅周边都曾设有围猎场。

对于帝王来说，狩猎不仅是个人放松身心的运动方式，每年一度的狩田之礼更是一项重要的国家礼仪活动。最高统治者通过示范性的狩猎活动，防止王公子弟贪图安逸，并达到操练队伍的目的。唐代的狩田之礼可以追溯到西周时期颁布的田猎礼制，当时的田猎礼制规定天子每年都要进行春蒐、夏苗、秋狝、冬狩。唐代继承了这一礼制，但主要突出了冬狩，并且进一步完善了狩田之礼的规范。从《大唐开元礼》和《新唐书》中的记载来看，唐代的狩田之礼于每年的仲冬之前举行，由兵部主持部署，活动内容循礼而行，包括出征准备、狩猎实施、获猎分配、聚会赏赐等多个环节，程序繁复，规模庞大。作为一项集合了礼制、军训和娱乐等多重功能且极具象征意义的活动，狩田之礼被纳入礼法，成为军礼的重要组成部分。

唐代王公贵族狩猎的名场面，莫过于唐代章怀太子李贤墓墓道东壁上的《狩猎出行图》了。这幅收藏于陕西历史博物馆的唐墓壁画，是一件国宝级文物。壁画长达6.8米，以远山近树为背景，描绘了一队由四十六位骑在马上的人物和载有辎重的两匹骆驼组成的狩猎出行队伍。走在最前面的是三位正扬鞭策马、飞奔向前的导骑。其中两位导骑一前一后，腰佩弓箭、手持马策；旁边一位一手拽缰，一手持四旒红旗。画面中心的大队人马共有六排，最前列的是一位身穿紫袍、体态雍容的男子。尤其引人注目的是这位紫袍男子的坐骑——一匹披鬃垂尾的白马，与其他人所乘马匹均剪鬃扎尾形成了鲜明的对比。从整幅画面的布局和气氛判断，这名男子似为墓主人李贤。其余五排人物前呼后拥，或持旗或挥鞭，纵马奔驰，奋力向前。他们有的身穿圆领袍衫，有的身穿翻领胡服，有的手臂上架着猎鹰，有的马背上带着助猎的猎豹、猞猁等。紧随其后又有十余名骑手，他们扬旗挥鞭、疾驰飞奔，紧紧跟随着前方的队伍。画面最后用苍劲的枯笔绘出几棵挺拔的大树，其间负重的骆驼和数匹轻骑奔驰在古木森森的山道上，作为整个狩猎出行队伍的殿后和辎重驮运队伍。这幅《狩猎出行图》，通过巧妙的布局构图和生动的人物刻画，为我们再现了唐代高级贵族气势恢宏、场面盛大的狩猎出行场面。

在唐代文人看来，骏马轻貂在平原山冈中驰骋，雕弓短箭于秋风落日中行猎,豁达豪放的生活态度和精神风范于狩猎活动中最能充分体现,因此文人雅士们也醉心于狩猎活动。即使不能自己亲力亲为,观猎也是一件引以为荣的雅事,因此大量的狩猎诗、观猎诗也被创作出来。狩猎场面、狩猎工具、狩猎对象,乃至狩猎之人,均能成为诗人们灵感的源泉。"太守耀清威,乘闲弄晚晖。江沙横猎骑,山火绕行围。箭逐云鸿落,鹰随月兔飞。不知白日暮,欢赏夜方归。"这是"诗仙"李白在其《观猎》一诗中描述的狩猎场面,紧张而激烈。"素练风霜起,苍鹰画作殊。㧐身思狡兔,侧目似愁胡。绦镟光堪擿,轩楹势可呼。何当击凡鸟,毛血洒平芜。"这是"诗圣"杜甫在其《画鹰》中描绘的助猎雄鹰,锐利而矫健。

　　唐代开放包容、积极向上的时代氛围,也为唐代女性的别出一格奠定了深厚的社会基础。不同于汉晋女性所崇尚的温婉娴雅,唐代女性更着迷于充满活力的健康矫健之美,因此狩猎也成为唐代时尚女性热衷的活动之一。据《新唐书·后妃传》记载,唐武宗李炎狩猎时,王才人每每都会跟随其后,连观看狩猎的人都分不清他们二人,"每畋苑中,才人必从,袍而骑,校服光侈,略同至尊,相与驰出入,观者莫知孰为帝也",这也从另一个侧面说明了王才人身姿飒爽,骑射能力超强。唐诗中也多有描写女子射猎的情景,杜甫的《哀江头》和王建的《宫词》就是其中的代表作。"辇前才人带弓箭,白马嚼啮黄金勒。翻身向天仰射云,一箭正坠双飞翼。""射生宫女宿红妆,把得新弓各自张。临上马时齐赐酒,男儿跪拜谢君王。"在两位诗人生动细腻的刻画下,既爱红装又爱武装的唐代女子形象,生动鲜活,跃然纸上。

　　唐代的狩猎方式多种多样,有骑马射杀、围猎、网捕、索套、烟熏、火攻等。狩猎时可以单独使用某种方式,也可以几种方式配合进行。而当时猎获的主要对象则包括兔、鹿、獐、虎、豹、狐狸、野鸡、野猪等。

唐人外出狩猎时大多骑马，并携带鹰、犬、猎豹、猞猁等动物作为狩猎助手。《新唐书》中就有关于助猎动物管理机构的记载，"闲厩使押五坊，以供时狩：一曰雕坊，二曰鹘坊，三曰鹞坊，四月鹰坊，五曰狗坊"，其中的"闲厩使"是使职名，主要管理御用马匹，而"押五坊"即掌管五坊的意思。五坊位于大明宫东苑，是专职饲养和训练宫中助猎动物的场所。在唐代的狩猎活动中，猎鹰和猎犬是最重要的助猎动物。唐人使用猎鹰、猎犬时分为两种情况：一种是发现猎物后，放出鹰、犬捕捉；一种是行猎者射中猎物后，放出鹰、犬叼回。

　　在唐代不管是助猎动物还是训练这些动物的"猎师"，大多都不出自中原本土，而是来自遥远的边荒绝域。中原汉人虽然很早就掌握了捕捉和训练凶禽猛兽的技艺，但是相较草原游牧民族则要逊色一些。唐代狩猎活动的广泛流行，催生了一批专门驯服禽兽的西域胡人，他们常以"猎师"的身份陪侍在狩猎主人身边，属于主人侍陪类的奴仆。因此，在唐代狩猎题材的文物中有不少深目高鼻、满脸须髯的胡人形象。

　　狩猎是一项极具参与感和体验感的体育运动。在狩猎过程中，既可体验骑马射猎带来的热血和刺激，又可获得捕获猎物后的满足与喜悦。狩猎活动的风靡，使得狩猎题材的纹样成为唐代工艺美术作品中经常表现的主题，也成为跃马扬鞭、盘马弯弓的唐人豪迈气概的真实写照。

隔仗炉光出 浮霜烟气翻
——忍冬纹镂空五足银熏炉与唐人的熏香风尚

何家村遗宝里的大唐风华

天宝末年，承平日久的大唐王朝一派繁荣景象。四面八方赶来朝贺的各国使节，更为玄宗皇帝送来了各地的奇珍异宝。

一天，交趾国的使节送上一个精致的小盒子，打开一看竟是十几颗黑乎乎如蝉蛹般的东西。这种被称为"瑞龙脑"的贡物，虽然"品相"不怎么样，却奇香无比。玄宗皇帝见后自然龙颜大悦，心想将这新奇玩意送给爱妃玉环，她一定会十分欢喜。想到这儿，玄宗朗声下旨："赏贵妃十枚。"

浩荡的皇恩和"舶来品"的诱惑，使杨玉环迫不及待地用上了这被称作"瑞龙脑"的香料。果然，贵妃所到之处香气弥漫，引得后宫佳丽羡慕不已。

之后有一天，正值初夏时节，日暖风平，玄宗与亲王正在下棋，贵妃伫立一旁悄然观看，资深乐师贺怀智在不远处弹着琵琶助兴，一切都是那么安静而美好。忽然，一阵强风吹来，贵妃的巾帛竟然被吹起飘落在了贺怀智的幞头上。贺怀智回家之后，贵妃巾帛上的香气依旧满身萦绕，于是他便摘下幞头，将其放在一枚锦囊中，小心地珍藏了起来。

安史之乱后，玄宗回到长安城的宫中。虽然才短短几年，但已完全物是人非。看着眼前的一切，玄宗更加思念曾经日夜陪伴自己的贵妃杨玉环。贺怀智得知后，便将自己专门收藏着幞头的锦囊呈献给玄宗，并说了当年的情形。玄宗打开锦囊，幞头上残留的香气依旧氤氲。闻香思人，玄宗不禁泪流满面，喃喃地说道："此瑞龙脑香也。"

这则故事收录于唐代段成式创作的笔记小说集《酉阳杂俎》中，所记故事的真假我们已难以考证，但唐人尤其是唐代女性，对香料的喜好却由此可窥见一斑。

故事中的"瑞龙脑"香料，也称龙脑、瑞脑、蝉蚕香等，是由龙脑香树的树脂制作而成。因为稀少珍贵、香味持久，获得了历代王公贵族和文人雅士的喜爱。在古代文献中对龙脑香也多有记载，最典型的则莫过于宋代著名女词人李清照《醉花阴》中的"薄雾浓云愁永昼，瑞脑销金兽"了。

中国自古就有焚香、熏香的习俗，但在汉代之前香料主要是中国本土所产兰草、花椒、佩兰等草本植物。西汉之后，随着丝绸之路的开通，各种域外香料相继传入中土，特别是诸如龙脑香、苏合香一类的树脂类香料的传入，极大地改变了中国人的用香习俗。魏晋时期，异域香料的种类愈加丰富，据文献记载有苏合香、龙脑香、鸡舌香、沉香、檀香、乳香、藿香、甘松香等。隋唐时期，丝绸之路的畅通使得大量外使和胡商进入中国朝贡和经商，而香料则是输入中国的主要物品之一。唐代香料种类丰富，使得经营香料的商家也采取了"专香专用"的分类方法，诸如文人用香、佛教用香和道教用香等。

关于唐代龙脑香的来源，据《新唐书·西域传》所载，"乌茶者，一曰乌伏那，亦曰乌苌，直天竺南。……贞观十六年，其王达摩因陀诃斯遣使者献龙脑香，玺书优答"，说明唐太宗时期使节所献的龙脑香出自天竺以南，即印度和印度次大陆地区的其他国家。而玄宗赏给杨贵妃的龙脑香则出自交趾，即今天的越南北部地区。这说明，唐代的龙脑香主要来自岭南地区，特别是南亚和东南亚一带。

随着香料种类从草本植物类变为树脂类，中国古人的熏香方式亦随之发生改变。以草本植物熏香时，薰草干燥后本身就是可燃物。而龙脑、苏合等为树脂类香料，则需置于其他燃料上熏烧，使之慢慢扩散香味。因此，熏香的炉子则要做得深一些，以便在下部放炭火，在炭火之上置放香料。同时，还要将炉盖增高，在盖上镂出稀疏的小孔，透过小孔的气流挟带熏炉上层的香烟飘散，这也是汉代博山炉迅速兴起并广为流行的重要原因。

唐代经济文化更为发达，也造就了种类繁多、造型精美的各式熏炉。从材质上看，有金、银、铜、陶、瓷、石等各类，其中金、银质地的熏炉最能代表大唐的工艺水平和审美情趣。从造型上看，有手炉、笼形香炉、塔形香炉、豆形香炉、狮子香炉、三足香炉、四足香炉、五足香炉、六足香炉等多种，而尤以三足香炉和五足香炉最为流行。

何家村遗宝中的忍冬纹镂空五足银熏炉，就是迄今为止所发现的、最有代表性的一件唐代熏炉。该熏炉由炉盖、炉身和炉盘三部分套合而成。炉盖为帽盔形，盖顶铆有一仰莲瓣宝珠纽，盖身相间镂刻桃形忍冬纹和如意云头纹；炉身为束腰筒形，下方一周镂刻桃形忍冬纹；炉盘下焊接五个兽蹄形足，两足中间均安有环状链条。炉盘腹壁的环状链条本应有五支，但出土的时候仅存四支，有学者据此推测熏炉为唐人使用过的旧物。为防止炉身滑落，炉盘口沿等距离焊接有三个如意云头。炉盘内底墨书"三层五斤半"，即指熏炉三部分合在一起的重量。炉盘外底亦有墨书，但因锈痕过多，仅能识别出"半""层"二字。使用熏炉时，在炉盘内先盛装木炭，再添加香料，香烟便可从镂空处袅袅溢出。该熏炉整体造型舒展大方，风格庄重典雅，既可用于重大礼仪场合的熏香摆设，也可用于日常室内的熏香或熏衣（图一二）。

第二章 民俗风尚

图一二 忍冬纹镂空五足银熏炉

何家村遗宝里的大唐风华

熏香是唐代贵族日常生活中的重要内容。皇帝为了显示恩宠,常常赏赐大臣和侍从名贵香料,获得赏赐的大臣还要进呈"谢表"。唐中宗李显在位时期,大臣们在聚会时"各携名香,比试优劣",称其为"斗香"。唐宣宗李忱规定皇帝本人在"焚香盥手"后才可批阅大臣进献的章奏。对唐人来说,沐浴时添加香料,衣服穿着前熨烫和熏香,卧榻用香囊,庭院用熏炉,这就是生活中的日常。也正因为此,唐诗中直接与熏香有关的就有百余首,内容涉及皇宫用香、寝中用香、日常用香、军旅用香、释道用香、制香原料、合香种类、香品形式、香具类型、香笼使用等。

唐代在朝会、祭祀、科考等重要场合,更要焚香以示庄严与敬重。据史料记载,唐代朝会焚香已成定制。举行朝会时,要在大殿上设置熏炉、香案等,香案置于御座之前,宰相面向香案而立。杜甫所写"朝罢香烟携满袖,诗成珠玉在挥毫",正是唐代朝会焚香的明证。唐代还盛行国忌行香,所谓"国忌"即本朝先帝、先后的逝世纪念日。举行国忌仪礼时,由在位的皇帝和皇后率领文武官员在京城佛教寺院或道教寺观进行,内容包括焚香礼拜和祭祀先祖等环节。唐人参加科举考试时亦要焚香。沈括《梦溪笔谈》就载:"礼部贡院试进士日,设香案于阶前,主司与举人对拜,此唐故事也。"自唐代始,科举考试焚香逐渐成为一种特有的礼仪和文化现象。此外,人们遭受大旱、暴雨、蝗虫等自然灾害时,为了祈求神灵保佑,也会焚香祷告。

唐代佛教和道教的兴盛亦推动了用香习俗的繁荣。佛家认为行香有助于修行,因此几乎所有的佛事活动都要用香。敬佛供佛时要上香,高僧登台说法前要焚香,浴佛法会上要用上等香汤浴佛,佛殿、法坛等场所还要经常泼洒香水。唐人为了表达供养之心,还喜欢用香料雕刻微雕佛像。佛教大量用香,使唐代文人常用"香刹"指代寺院。同时,香气弥漫的空间环境与道家追求的神仙世界颇为相似,因此佛教以香礼佛的方式也影响到了道教，从而焚香也成为道场斋醮时必不可少的仪式。

从各类与佛教有关的图像资料看，唐代佛前的供养香具包括香案、香炉和香宝子。所谓香宝子即盛香器具。通常情况下，香炉和香宝子置于香案之上，香炉居中，香宝子位于两侧。陕西省扶风县法门寺塔基地宫曾出土过一件鎏金卧龟莲花纹五足银香炉，就是一件唐代宫廷用于供养佛舍利的熏香器具，其形制与何家村遗宝所出的忍冬纹镂空五足银熏炉较为相似。熏炉由炉盖和炉身组成，主体捶揲成型，底足浇铸而成。炉盖与炉身錾刻忍冬、莲瓣、蔓草、乌龟、流云等经典纹饰，并通体鎏金。最重要的是炉底錾刻铭文中明确记载其为文思院所造，为研究唐代金银器制作提供了宝贵的实物资料和文字资料。

熏香是以嗅觉为核心的一场文化实践。传统文化中认为"香"既可通天，也可通窍。通天可以与神对话，而通窍则能够激发灵感。因此，"香"在唐代不仅存在于社会生活的方方面面，而且经文人的身体力行和释、道两教的倡导，已然进入人们的精神领域，逐渐成为唐人信教悟道和修身养性的媒介。在那个香烟袅袅的大唐盛世里，何家村遗宝中的忍冬纹镂空五足银熏炉，则是唐人用香风尚的最好见证。

开琼筵以坐花 飞羽觞而醉月
——从鎏金鸳鸯纹银羽觞看唐代的称觞祝寿习俗

何家村遗宝里的大唐风华

神龙元年，即公元705年，对于大唐王朝和宫廷诗人沈佺期来说，都是极不寻常的一年。

一月的神龙政变、二月的韦氏干政、十一月则天武后的驾鹤西去，使作为帝国中枢的宫廷政坛发生了天翻地覆的变化。武后的亲信遭到了全面清洗，或流放，或下狱，或遭斩，昔日旧臣不得不迎来悲惨的归宿。

对于这一年已官至正三品、年近知天命的沈佺期来说，18岁进士及第的锋芒和意气，早已在经年累月的宦海浮沉和纷繁复杂的宫廷斗争中被磨炼得圆滑和沉稳了许多，就像他的律体诗一样谨严精密，虽然成文锦绣、辞藻靡丽，但也更加小心翼翼、极尽虔诚。当时的他并不知道，这次的伴驾竟成为他显赫人生的最后高光时刻，应制之作也成为他作为宫廷诗人的压轴绝唱。

"皇家贵主好神仙，别业初开云汉边。山出尽如鸣凤岭，池成不让饮龙川。妆楼翠幌教春住，舞阁金铺借日悬。敬从乘舆来此地，称觞献寿乐钧天。"沈佺期的这首《侍宴安乐公主新宅应制》，不仅用夸张的手法渲染了安乐公主新建府邸的富丽奢华，还为我们描绘了一幅唐代官员在宴会中向刚刚复位的中宗皇帝称觞献寿的隆重热闹场景。

沈佺期的应制诗依然境界广远、气势飞动、音韵明畅、属对精密，但作为武后曾经最为信任和看重的才俊心腹，他自然也难逃被流放的命运。此后不久，沈佺期就被流放至遥远的驩州（今越南境内）。虽然五年后获平反又回到长安，以一名闲官就任了新职，但他再也没有回到昔日的权力中心。四年之后，便黯然结束了自己跌宕的一生。

沈诗中描述的"称觞献寿"是中国古代的一种传统礼仪，即举觞敬酒以表祝寿，还可称为称觞祝寿、称觞上寿、奉觞献寿、捧觞上寿等。何家村遗宝中的两件鎏金鸳鸯纹银羽觞，很有可能就是唐代宫廷宴会中称觞祝寿时所用的器物。两件鎏金鸳鸯纹银羽觞的形制、大小、纹饰基本相同，均为椭圆形、弧壁、平底、长方形双耳。羽觞内底錾刻一朵团花状蔷薇花，内壁饰四株枝叶肥大繁茂的折枝花，花叶间配有流云纹。外壁两侧双耳下各饰一只鸿雁和鸳鸯站立在莲瓣之上，两端再各有莲蓬一个，其上分别站立着一对相对而立的鸳鸯和一对回首的鸿雁，四周环绕蔓草纹，空白处填补细密的鱼子纹。两件银羽觞工艺精湛，造型圆润，器物上面錾刻的鸳鸯、鸿雁、团花、流云、蔓草皆是唐代的祥瑞图案，加之纹饰全部鎏金，不仅使其呈现出了富丽堂皇的艺术效果，而且借由祥瑞图案表达了国运昌隆的美好愿望，可谓唐代金银器中难得的精品（图一三）。

羽觞是春秋战国至汉晋时期流行的一种饮酒器具，因为双耳像飞鸟的双翼而得名。这种酒具一般自铭为"杯"，因有双耳，故也被称为耳杯，考古中多有发现，材质有漆、铜、金、银、玉、陶质等，其中漆耳杯发现的数量最多，铜耳杯次之。金、银、玉作为稀有资源以及身份的象征，其数量自然不会太多，因为只有皇家或高等级贵族才有可能使用。而陶耳杯一般作为明器，主要用于随葬。漆耳杯中，目前所见时代比较早的是湖北荆州江陵雨台山楚墓出土的春秋晚期漆耳杯。战

图一三 鎏金鸳鸯纹银羽觞

国时期，漆耳杯数量开始增多，如湖北荆门包山 2 号墓出土的一件战国中期的酒具盒中，就发现了八件摆放整齐的漆耳杯。至汉代，漆耳杯的制作更是达到了前所未有的盛况，仅湖北荆州凤凰山汉墓就出土了三百二十一件漆耳杯。东汉时期开始出现瓷耳杯，形制仿漆耳杯。魏晋以后，随着瓷器技术的发展，再加之漆器生产工艺复杂、成本高，漆耳杯数量明显减少，人们的生活用具逐渐被青瓷器取代。南北朝及隋唐以后，随着域外文化的影响，新的器形不断出现，耳杯更加稀少。目前发现的隋唐时期的耳杯多用珍稀贵重材料制作，比如金、银、玉、玻璃等，这正说明耳杯已经退出了普通人的日常生活，变成了高级贵族们在重大礼仪场合的特殊器具或文人士大夫追古怀远的"道具"，而何家村遗宝中的这两件鎏金鸳鸯纹银羽觞，就是对此现象的最好注解。

古代饮酒很讲究礼仪，羽觞即耳杯曾是贵族宴饮的必备之物。春秋战国时期，人们在为长者或尊者祝寿时常用羽觞来敬酒，逐渐形成了称觥祝寿的礼仪。据《韩非子·十过》记载，晋平公素来喜好音乐，有一次让精通音律的师旷弹奏乐曲，弹完之后"平公提觥而起，为师旷寿"。汉代在继承传统礼仪的基础上，将称觥祝寿发展成为皇家的一种固定礼仪。《汉书·兒宽传》载，御史大夫兒宽随从汉武帝冬至泰山封禅，当登临泰山东侧的明堂时，倪宽上书颂扬武帝，并说"臣宽奉觥再拜，上千万岁寿"。《后汉书·明帝纪》也载，永平十七年（公元74年）夏五月，"公卿百官以帝威德怀远，祥物显应，乃并集朝堂，奉觥上寿"。同时，汉代民间也流行称觥祝寿的习俗。农历正月初一时，家中的小辈要向长辈敬酒，祝福长辈健康长寿。由此可见，称觥祝寿作为一种尊长敬老的礼仪，已被民众接受，在民间已流传起来。

魏晋南北朝时期，宫廷和民间仍然流行称觥祝寿的礼仪、习俗，并将其视为一种尊贵的礼遇。据《魏书·高闾传》载，孝文帝和冯太后在冬至日这天宴请百官，宴会中孝文帝亲自带领群臣向太后敬酒并祝寿。高闾盛赞孝文帝"今陛下圣性自天，敦行孝道，称觥上寿，灵应无差。臣等不省庆踊，谨上千万岁寿"。北魏是鲜卑拓跋氏建立的北方少数民族政权，皇帝在宴会中亲自践行称觥祝寿之礼，无疑说明其传播之广、影响之久。

隋唐时期，虽然饮酒器具主要是碗或者从异域传来的高足杯，但在一些重大的场合或某些风雅怀古的场合，有可能也会使用羽觥。但不管饮酒器具用的是什么，在大朝会、帝王宴会及生日宴会等宫廷重大庆典场合所举行的礼仪活动，都被称为称觥祝寿之礼，这里的"觥"有可能是羽觥，也有可能泛指酒杯。所谓元日大朝会，即每年农历正月初一群臣朝见皇帝的活动。因为这一天标志着新的一年的开始，是一年中第一个最重要的日子，群臣通过向皇帝祝寿，以表达江山永固、国富民安的希冀。据《唐六典·礼部》记载，举行元日大朝会时，皇帝要身穿最隆重的衮冕朝服，在太极殿或含元殿接受皇室贵族、文武百官、诸藩使节等人的拜贺，皇太子、次上公、中书令与供奉官依次向皇帝称觥献寿，

第二章　民俗风尚

并齐呼万岁。宫外命妇和宫内宦官要向皇后称觞献寿。第二天,文武百官还要到东宫为皇太子献寿。

除了元日大朝会,在帝王参加的宴会上,大臣及随从也要向皇帝行称觞祝寿之礼,因为帝王的健康长寿就是国家社稷的长治久安。唐代律诗的奠基人之一宋之问,有一次随从武则天访问洛阳龙门时,受命写下《龙门应制》一诗,其中的"鸟来花落纷无已,称觞献寿烟霞里",就是随从官员向皇帝行称觞祝寿之礼的明证。

在皇帝的生日宴会上,群臣更要向皇帝称觞祝寿,这也是整个生日宴会上最重要的一个环节,而其中最隆重的莫过于玄宗皇帝的千秋节了。开元十七年(公元729年),在宰相源乾曜、张说的提议下,朝廷将八月初五唐玄宗李隆基的生日定为千秋节,并列入五礼中的嘉礼。《唐六典·嘉礼》共记载嘉礼仪式五十条,其中第八条就是"千秋受群臣朝贺",并写到,"凡千秋节,皇帝御楼,设九部之乐。百官袴褶陪位,上公称觞献寿"。开元十八年(公元730年)八月,第一个千秋节在兴庆宫隆重举行,唐玄宗曾作《千秋节宴》一诗:"兰殿千秋节,称名万寿觞。风传率土庆,日表继天祥。……处处祠田祖,年年宴杖乡。深思一德事,小获万人康。"以描写群臣们称觞祝寿的热闹情景,表达自朝及野福寿同庆、众人皆康的美好心愿。自此以后,皇帝的生日成为国家节日的风俗影响千余年,而蕴含其中的敬老习俗更成为中国传统节庆文化的重要组成部分。

健康长寿是所有人的追求,所以唐代民间也常有称觞祝寿的习俗。诗人李贺在《致酒行》一诗中写到,"零落栖迟一杯酒,主人奉觞客长寿",说自己穷困潦倒,如浮萍般漂泊,唯有借酒消愁,而主人则持酒相劝,祝福作者康健长寿。之后在主人的相劝和酒精的刺激下,作者茅塞顿开,由自伤自怜转为自负自勉。杜牧在《春日言怀寄虢州李常侍十韵》一诗中写到,"无计披清裁,唯持祝寿觞。愿公如卫武,百岁尚康强",表达了没有办法与在异地为官的友人李常侍见面,只有举起羽觞祝他健康长寿，愿他像春秋时的卫武公一样，百岁时身体还能依旧强壮硬朗。《春夜宴从弟桃花园序》是诗仙李白写的一篇骈文，文采飞扬，语调铿锵，全文生动地记述了作者和众兄弟在春夜聚会、饮酒赋诗的情景。其中的"开琼筵以坐花，飞羽觞而醉月"，描写了他们摆开筵席坐在春天的花丛中，羽觞像飞起来一样快速传递，最后醉倒在月光中的欢愉场面。在这些私人聚会的场合，使用的未必一定是羽觞，更大的可能则是用颇具古意的"觞"泛指酒杯，以体现文人的风雅。

不管祝酒用的是羽觞，还是其他类型的酒具，称觞祝寿的礼仪一直寄托了人们对健康长寿的美好祝愿，而且蕴含了中国古代伦理中长者为上、尊者为贵的朴素思想。何家村遗宝中鎏金鸳鸯纹银羽觞的出土，让我们惊叹唐代金银器制作技艺高超的同时，再一次领略了中国古代社会敬老尊上的社会观念和时代风尚。

千曲歌盛世 一舞倾天下
——鎏金伎乐纹八棱银杯与唐代的乐舞风尚

　　中秋月夜，微风习习，氤氲的香气逐渐散淡，白日里热闹的宫殿此时已完全静寂，玄宗皇帝也渐渐进入梦乡。

　　突然，玄妙的乐声似乎从远处隐隐传来，他寻着声音一路找去，不知不觉间竟已到了仙界月宫，看见一群身穿霓裳羽衣的仙女正随着音乐翩翩起舞。他心里暗想，这样动听悦耳的曲子真是太难得了，一定要记下来，回头让乐工时时演奏……

　　一觉醒来，才发觉刚才这一切都是梦里的情景。梦里的乐曲仍在耳畔萦绕，但可惜已忘了大半，他便赶忙将依稀记得的曲调记录下来。

　　后来，河西节度使杨敬述向"音乐发烧友"玄宗皇帝进献了印度佛曲《婆罗门曲》，玄宗听后觉得和自己在梦中听到的曲子非常相似，便将二者合为一曲，取名为《霓裳羽衣曲》。

　　与玄宗皇帝"志同道合"的贵妃杨玉环，为皇上新谱的《霓裳羽衣曲》专门编排了配舞，所以《霓裳羽衣曲》也称《霓裳羽衣舞》。二人珠联璧合，常常与宫中乐师舞伎们一起演奏排练，好不快活。

　　这是关于唐代宫廷乐舞巅峰之作《霓裳羽衣舞》产生与发展的一个

故事，虽然文献对此记载不尽相同，但乐曲的风格兼具中原和西域风格、曲目的来源和完善与唐玄宗和杨贵妃的个人贡献有关的基本事实，学界的看法还是基本一致的。正是在最高统治者的引领之下，唐代乐舞融合创新、盛况空前。

何家村遗宝中的鎏金伎乐纹八棱银杯，就是一件表现唐代乐舞胡汉相融流行状况的形象作品。银杯为八棱状、侈口、圜底、喇叭形圈足，一侧有圆环形把手。杯身外壁被八条錾刻的连珠纹凸棱分割成八栏，每栏内以鱼子纹为底，并錾刻忍冬、卷草、山石、飞鸟、蝴蝶等附属纹样，再分别焊铸一位浮雕人物作为主题纹样。人物皆高鼻深目，头戴瓦楞帽或尖顶帽，身着胡袍，为典型的胡人形象。其中，四位是手持乐器的乐工，他们或吹排箫、或执小铙、或吹洞箫、或弹曲项琵琶；其余四位则是舞者和侍者，两人拂袖舞蹈，一人执杯，另一人捧壶（图一四）。

除了上述这件银杯外，何家村遗宝中还有一件人物纹八棱金杯和一件鎏金伎乐纹八棱杯。三件器物外形相似，杯外壁的主题纹饰也均为伎乐题材，只是人物纹八棱金杯上的人物都是双手挥动的舞蹈者，而鎏金伎乐纹八棱杯上的人物则全为手执乐器的演奏者。八位乐器演奏者手中的乐器大多已难分辨，只有三位能清晰看出手中所持的是竖箜篌、曲项琵琶和排箫。不同于银杯的还有，这两件杯子上的人物形象不全是典型的胡人形象，有些人物可能是中原地区的汉人形象。

这三件杯子从造型到装饰风格都充分反映了唐代中西文化的交流融合，而其中乐工手上的乐器则是唐代乐舞吸收西域音乐的直接体现。排箫、小铙和洞箫是中原传统乐器，而竖箜篌、曲项琵琶等则是从西域传来的乐器。其中，曲项琵琶于南北朝时由波斯经今新疆传入中原，当时称作"胡琵琶"，其形状为梨形，用拨子演奏，不同于中原传统的直柄圆形共鸣箱、竖抱用手弹奏的直项琵琶。唐代时，为避免两者混淆，将传统圆形音箱的琵琶称为"阮"或"阮咸"，将由西域传入的梨形音箱

何家村遗宝里的大唐风华

图一四 鎏金伎乐纹八棱银杯及杯身纹饰线图

称为琵琶或曲项琵琶,现代的琵琶即由后者演变而来。竖箜篌大约在汉代就已由西域传入,在隋唐时代更成为乐队里的主要乐器之一。箜篌的演奏方法与现在欧洲弹竖琴的方法大致相同,即竖立怀中,用手拨弹。

西域乐器的引入实质上是对西域乐舞整体风格的吸纳和接受。经过汉代及魏晋南北朝长时间的文化交流融合,在唐代最终形成了流行于开元、天宝年间的"胡部新声"。所谓"胡部新声",就是指在西域各少数民族乐舞的基础上,融合了汉族乐舞特点而创造出来的一种新的乐舞形式。唐玄宗开元二十四年(公元736年)"升胡部于堂上",正式将"胡部新声"列入宴飨音乐中。之后,又专门下诏,令"道调、法曲与胡部新声合作"。胡汉文化的交融使胡部新声获得了更广阔和更深厚的发展基础，也进而促成了以歌舞音乐为标志的唐代乐舞艺术的高峰。唐代的歌舞大曲融合了传统的大曲和各民族音乐的精华，形成了散序（器乐部）、中序（歌唱部）和破（舞蹈部）的结构形式，使得乐舞朝着大型化、规范化、程式化的方向迅猛发展。见于《教坊录》的唐代大曲曲名共有四十六个，《霓裳羽衣曲》就是其中的经典之作。

唐代皇室贵族大多拥有极高的艺术修养，他们不只是乐舞的欣赏者，也是乐舞的实践者和创新者。高宗李治早晨听闻莺声便可神会于心，让乐工编制乐曲《春莺啭》，随后又以此曲编排了舞蹈。此曲因广受欢迎，之后还传入朝鲜和日本。武则天曾自己制作《神宫大乐》，跳舞人数达九百人之多。玄宗李隆基更是一位音乐天才，"妙于音律，每赐宴前，必制新曲，俾宫婢习之"。他不仅创作了很多乐曲，而且还亲自教习宫廷乐人，并因此被后世封为"梨园鼻祖"。贵妃杨玉环表演的《霓裳羽衣舞》和《胡旋舞》更是倾绝一时，这也成为其能集"三千宠爱在一身"的重要因素。

"上有所好，下必甚焉"。在唐代皇室贵族的引领下，唐人无不热衷乐舞。在宴饮、聚会等娱乐活动中，用乐舞助兴更成为潮流时尚。《旧唐书·儒学传》写道："时中宗数引近臣及修文学士，与之宴集，尝令各效伎艺，以为笑乐。工部尚书张锡为《谈容娘舞》，将作大匠宗晋卿舞《浑脱》，左卫将军张洽舞《黄獐》，左金吾卫将军杜元琰诵《婆罗门咒》，给事中李行言唱《驾车西河》。"史料中所载的《谈容娘》《浑脱》《黄獐》皆是唐代流行的舞蹈名称，《驾车西河》是唐代传唱乐曲的名称，从中可以看出这些皇帝近臣在最高统治者的熏陶之下，皆能歌善舞。文人聚会时也常以乐舞助兴，并因此创作了大量的乐舞诗。王建在《田侍中宴席》一诗中写道："香熏罗幕暖成烟，火照中庭烛满筵。整顿舞衣呈玉腕，动摇歌扇露金钿。青蛾侧座调双管，彩凤斜飞入五弦。虽是沂公门下客，争将肉眼看云天。"王建的这首诗为我们呈现的宴会场面有声有色：只见婀娜多姿的舞者、精通音律的乐人相继登台，推杯换盏间身旁耳畔的歌舞此起彼伏……

虽然唐代宫廷、官府、军旅、寺庙都有专职乐人，但最能代表唐代乐舞发展水平的还是宫廷乐舞。宫廷乐舞种类丰富、形式多样。唐高祖武德年间，沿用隋代的九部乐，贞观年间增加高昌乐后变为十部乐，其中最为重要的就是《龟兹乐》和《西凉乐》。盛唐时期乐舞类型又有了进一步发展，高宗时期设立了立部伎，武后、中宗时期设立了坐部伎。立部伎和坐部伎是在十部乐基础上发展演变而来的，但是与十部乐保留有较多各民族各地方风貌不同的是，坐、立部伎对乐曲进行了更多的加工和融合。立部伎表演人数众多，规模宏大，气势雄浑；坐部伎堂上演奏，表演人数较少，精巧雅致。如果按照风格来分，唐代宫廷乐舞还可分为健舞和软舞。矫健、洒脱、明朗的乐舞称为健舞，代表性的有"剑舞""柘枝"和"胡旋"；软舞一般指委婉、典雅、飘逸的乐舞，常见的表演形式有"屈柘枝""绿腰"和"春莺啭"。此外，宫廷乐舞还有歌舞大曲和教坊演出的歌舞戏等。

唐代宫廷乐舞的发展得益于完善的乐舞管理机构，朝廷先后设立了太常寺、教坊和梨园，以掌管国家礼仪和宫廷享乐需求下乐舞的教习与演出。其中，太常寺属于唐朝三公六省九寺职官体系下的九寺之首，下设八署，其中的太乐署和鼓吹署就是专职管理乐舞的机构。太乐署掌管"邦国祭祀宴享"之乐舞，鼓吹署掌管"邦国出行仪仗"之乐舞。在教坊和梨园成立之前，太乐署还掌管为宫廷享乐服务的歌舞百戏（散舞）、胡乐、俗乐，以及乐人的训练和考核等。随着玄宗时期在宫廷设立了教坊和梨园之后，歌舞百戏类的管理及乐人的训练和考核主要归于教坊。梨园则是教习和演出法曲的专门机构，由唐玄宗初创，属于中国最早的"皇家音乐舞蹈学院"。教坊和梨园的成立，也从另一个方面说明了非礼仪性、娱乐性的乐舞已得到了很大发展，需要将之从祭祀礼仪的雅乐和宫廷宴享活动的燕乐中分离出来，另立机构予以掌管。

唐代乐舞管理机构对宫廷乐伎的管理，包括日常的音乐教习活动和年度的课业考核。根据《旧唐书》中的记载："凡习乐，立师以教。每岁考其师之课业，为上、中、下三等，申礼部，十年大校之，量优劣而黜陟焉。"《新唐书》又载："博士教之，功多者为上第，功少者为中第，不勤者为下第，礼部覆之。十五年有五上考、七中考者，授散官，直本司，年满考少者，不叙。"从史料记载来看，唐代宫廷的音乐教育有明确的教学关系和严格的考核制度，并根据考核成绩的优劣决定职务升降。同时，连续考核优秀的乐人还可以被授予一定的官职。这些教习和考核活动，也进一步助推了唐代乐舞的繁荣发展。

在中国古代社会，乐舞更多的是发挥其政治教化的功能，"治世之音安以乐，其政和；乱世之音怨以怒，其政乖；亡国之音哀以思，其民困"。但在包容开放的唐代，统治阶层已经认识到音乐所具有的感发人心的特殊作用，并通过身体力行的实践和机构上的创新等方式，不断丰富乐舞艺术的表现内容和形式，从而使乐舞在一定程度上摆脱了政治和礼仪的束缚，造就了唐代乐舞艺术的繁荣，同时也成为宋代以后民间乐舞百戏兴盛的先声。

白鹤迎来天乐动 金龙掷下海神惊
——金走龙与唐代的投龙致祭仪式

"银珰谒者银蜺旌，霞帔仙官到赤城。白鹤迎来天乐动，金龙掷下海神惊。"这是中唐诗人刘禹锡《和令狐相公送赵常盈炼师与中贵人同拜岳及天台投龙毕却赴京》一诗的上半阕。诗中描述了前去拜谒的宫中宦官戴着施有银珰的高冠，德高思精的道人披着彩色的帔服，一路彩旗招展到了天台山。只见白鹤起舞、音乐动天，投下的金龙惊动了海中的神仙。

这首诗在被称为"诗豪"的刘禹锡的众多诗作里并不是很有名，但因为其中提到了"投龙"仪式，而引起了一定的关注。从诗作的题目来看，这是一首唱和诗，唱和的是令狐相公，即其好友令狐楚的一首诗。令狐楚的原诗虽然没能得见，但结合这首诗及其他文献，可知诗作的背景是：唐敬宗在宫中举行完斋醮仪式之后，为了酬谢天、地、水三官神灵，派遣德高望重的大道士赵常盈以及宠信近臣和宫中侍从，一起在浙江省东部的天台山举行了拜祭和投龙仪式。之后，一行人在返回京城时路过汴州（今河南开封），时任汴州节度使的令狐楚设宴款待、作诗相送。作为令狐楚多年的至交好友，刘禹锡在读到令狐楚的诗作后，又与以往一样写了这首唱和诗,并在诗中称赞令狐楚"梁王文字上声名",意思是令狐楚的原诗写得非常好。

斋醮是道教的祭祀仪式。其中,"斋"指的是祭祀仪式前的洁净、斋戒以表其诚的行为,"醮"指的是用蔬果酒茶之类作为供品的祭祀礼仪活动。李唐皇室因与道教创始人老子李聃同姓而十分推崇道教,并将道教尊奉为国教。在道教思想影响下,唐代帝王大多崇信斋醮有祈福禳灾的功效,斋醮仪式也被提升为国家的祭祀大典,与此相适应的斋醮礼仪也更加趋于完善。一套完整的黄箓大斋,首先举行斋法仪式,然后举行谢恩醮礼神,最后要去名山洞府投龙以证盟。

何家村遗宝中出土的十二条金走龙,很可能就是唐代道家举行投龙仪式时所用的法器。走龙为纯金质地,精致小巧,高仅为2.5厘米,长为4厘米,重量约为8克。它们体型虽小,但神态生动、活灵活现。所有走龙均呈四足直立状,或静立凝视,或迈步奔走,錾刻的眉、目及颈部的毛发、身上的鳞纹清晰可辨,头上的双角自然弯曲(图一五)。

图一五
金走龙

从制作工艺上看，采用了打作、切削、錾刻、焊接和插合等多种工艺。如此费工费时的精雕细琢，显示出金走龙非同一般的功用。结合何家村遗宝中的多件炼丹器具和药材，以及唐代社会的礼仪规制，学者们推测这些金走龙即为道教投龙仪式中的法器。

1981年湖北省丹江口市武当山紫霄窝明代窖藏曾出土过一组遗物，包括一条长11.5厘米、重15克的赤金龙，一件长29厘米、宽1.5厘米的玉简，以及一件玉璧。金龙、玉简、玉璧是一套比较完整的道教投龙仪式的物品组合，赤金龙与道教投龙仪式密切相关，这是毋庸置疑的。虽然何家村遗宝中金走龙的时代、大小和重量与武当山窖藏出土的赤金龙不太相同，但从功能上来说，二者应是一致的。

中国道教史上最重要的经典之一——《正统道藏》里有许多关于"龙"的记载，其中的《太上黄箓斋仪》中明确记载有："龙者，乘云气御阴阳，合则成体，散则成章，变化不测，入地升天。故三十六天极阳之境，可以驿传信命、通达玄灵者，其惟龙乎！是以上天以龙为驿骑往来人间矣。"也就是说，因为人们相信龙能上天、入地、潜渊，所以它就成为天地神灵与人间沟通的信使或驿骑。而人为制作金龙并将之投进大山、大川、大河之中，就是希望金龙能扮演使者，带去斋醮人对天地神灵的告谢之意。

投龙仪式源自史前至秦汉时期传统的天地山川崇拜和天道信仰及封禅等相关祭祀礼仪，经汉末和魏晋南北朝的发展，在早期道教"三官手书"礼仪的基础上，创造性地加入担当神圣信使职责的"龙"，从而形成了投龙仪式的基本内涵。所谓三官，指的就是天、地、水；而三官手书礼仪就是祝祷后书写三通文书，上有祝祷者姓名和服罪之意，然后将之投于山、埋于地、沉于水的一种仪式。唐代初年，随着道教成为最受尊崇的国家宗教，作为道教重要科仪的投龙仪式，也从民间走向宫廷，由原始的宗教祭祀逐渐演变为国家和帝王祭祀的重要仪典，并在唐宋时期盛极一时。元明清时代以后，随着道家的式微以及国家整体实力的逐渐衰落，投龙仪式也被淡忘，并最终退出了历史舞台。

投龙仪式中所投之物，除了金龙外，还有玉璧、玉简、金简、金纽等。金与玉材质的祭祀礼仪用品，自先秦时期就与盟约、誓言密切相关，被看作具有沟通天地人神的功能，而金与玉的使用，也标志着投龙仪式从民间行为向社会上层行为的转变。投龙仪式所用的简、璧、金龙、金纽在制作上也有一定的标准，并具有相应的宗教象征意义。简是投龙仪式中的主要信物。一般长一尺二寸，象征十二时辰；宽二寸四分，象征二十四炁；厚二分，象征乾坤二仪；简文丹书五行，象征五行之数。简又分为山简、土简和水简，投山简时用圆形苍璧，投土简时用方形黄璧，投水简时用六出形黑璧。金龙是用黄金做成龙形，虽大小不等，但普遍偏小巧。金纽的形状似环，直径九分。

唐代是道教史上的兴盛发展时期，在举行金箓普天大醮、金箓罗天大醮、河图大醮和黄箓大斋等高等级斋醮之后，都要进行投龙仪式。投龙仪式既可以在大醮坛场进行，也可以先在道教宫观举行大醮，然后另赴名山洞府投龙。从现存的唐代史料来看，举行投龙仪式的地点一般为名山大川、神仙洞府，如茅山华阳洞、天台山玉京洞、王屋山玉阳洞、青城山天师洞、南岳朱陵洞、武夷山升真洞、天柱山大涤洞等。同时，道教认为五岳皆有洞府，是举行投龙仪式的最佳处所。因此，五岳成为唐代举行投龙仪式的主要地点。根据史料统计，从高宗显庆六年（公元661年）到代宗大历八年（公元773年），唐代的岳渎投龙共进行了二十六次，其中东岳十九次、中岳两次、南岳一次、济渎一次、淮渎一次。唐代杜祐的《通典》中也有唐代祭五岳、四镇、四海、四渎的制度。

在唐代的投龙仪式中，所用文简要用朱笔书写，一共五行，内容包括斋主的姓名、年龄、出生月日或本命干支，以及祈告事由、投简之所、国号、年月日等。以武周时期的《中岳投金简文》为例，"大周国主武瞾，好乐真道，长生神仙，谨诣中岳嵩高山门投金简一通，乞三官九府除武瞾罪名。太岁庚子七月甲申朔七日甲寅，小使臣胡昭稽首再拜谨奏"。从简文中的内容可以看出，投龙仪式的祈请者是君主本人即大周国主武瞾，祈请的目的是消减罪行。同时，简文中没有为尊者避讳的痕迹，从而可知祈请者需要亲自书写自己的名字。但是，投龙仪式的具体执行者并非皇帝本人，而是小使臣胡昭。

唐代国家层面的投龙仪式始于高宗李治。据史料记载，龙朔年间，高宗开始在桂林漓山下的龙潭举办投龙仪式。为了祈求国运、得道长生以及消减罪行，唐代帝王多热衷于投龙仪式。据泰山王母池的唐岱岳观双碑记载，唐高宗显庆六年（公元 661 年）至唐德宗建中元年（公元 780 年），先后有唐高宗、武则天、唐中宗、唐玄宗、唐代宗、唐德宗在东岳泰山举行过投龙仪式，其中武周时期的投龙仪式最为频繁。武则天在位十五年，共举行了十次投龙仪式，其数量和频率在唐代诸帝中首屈一指。武周早期的投龙仪式主要是宣扬武周政权的正统性和合法性，中后期的投龙仪式政治性逐渐减弱，晚期的投龙仪式主要是求长生、增福寿。唐玄宗积极倡行斋醮科仪，因而开元、天宝年间更成为投龙仪式举行的高峰时期。正如《旧唐书·礼仪志》所载："玄宗御极多年，尚长生轻举之术。于大同殿立真仙之像，每中夜夙兴，焚香顶礼。天下名山，令道士、中官合炼醮祭，相继于路。投龙奠玉，造精舍，采药饵，真诀仙踪，滋于岁月。"

在这样的社会思潮影响下，唐代有关道教投龙仪式的诗作俯拾皆是。白居易《和微之春日投简阳明洞天五十韵》一诗写到，"去为投金简，来因絜玉壶""前驱驻旌旆，偏做列笙竽"，描绘了国家层面举行投龙仪式的盛大场景。同时，还有很多描写投简类型的诗句，如"石潭积黛色，每岁投金龙"，描写了唐人投水简的情形；"投简石洞深，称过上帝灵"，描写的则是时人投山简的情景。此外，"偶因投秘简，聊得泛平湖""时有慕道者，作彼投龙术""扫坛天地肃，投简鬼神惊"等，也都是对投龙仪式的生动描述。

投龙仪式在唐代成为国家祭祀大典的重要组成部分，这既是斋醮科仪本身所具有的宗教功能的必然结果，也是道教在国家政治生活中地位上升的鲜明反映。何家村窖藏出土的金走龙以及其所体现的投龙仪式，正是唐王朝借助道教科仪宣扬其政权合法性、加强其统治的重要手段。

服药求神仙 多为药所误
——药具药物与唐人的服食求仙之风

何家村遗宝里的大唐风华

　　唐太宗李世民以其杰出的文治武功开创了著名的"贞观之治",为唐朝成为中国古代历史上的黄金时代奠定了重要基础,他本人也因此收获了极高的历史评价。北宋大政治家、史学家、文学家司马光评价说:"太宗文武之才,高出前古。盖三代以还,中国之盛未之有也。"建立大蒙古国的"一代天骄"成吉思汗评价说:"欲安邦定国者,必悉唐宗兵法。"明太祖朱元璋更是评价道:"惟唐太宗皇帝,英姿盖世,武定四方,贞观之治,式昭文德……皆有君天下之德而安万世之功者也。"

　　然而,这样一位武功盖世、智慧超群、英姿勃发的伟大君主,却在52岁的盛年不幸去世。虽然这样的寿命对于唐人来说,也算不上"英年早逝",但他若不服食丹药,寿命再延长几年,也许还可以将大唐的基业打得更牢固一些。

　　历史没有假设。对道教的推崇,对服食丹药的热衷,既是唐太宗的宿命,也是大唐王朝的宿命。

　　唐代初年,在经历了南北朝长时间的动荡,以及隋代短暂的安定和隋末的战乱之后,社会元气的恢复成为最大的政治问题,于是唐太宗采纳魏徵等人的建议，以道家的清静无为作为治国之本。同时，由于六朝门阀政治的余风，将道教老君李聃奉为先祖，将道教奉为"诸华之教"，李唐王室便有了继承天命的尊贵与正统。正因为如此，道教成为国教就是大唐王朝的必然选择，同时也成为炼丹服药在唐代流行甚广的重要原因之一。

何家村遗宝中发现了一套完整的药具和大量珍贵的药物，它们就是唐人炼丹、食丹社会风尚的真实体现。这套药具从材质看多为金银，这是因为古人认为金银之气可以巩固和提高药效，故而常常用金银制作的器具来炼制和珍藏名贵的丹药及其原材料。从功能看，既有炼制丹药的银石榴罐、仰莲瓣座银罐，熬药、煎药、暖药的金铫、金铛、银铛、银锅，也有贮藏、盛放药物的金盒、银盒、小银罐，捣药用的玉杵、玛瑙臼，还有服药用的银杯、银碗等。其中，银石榴罐和仰莲瓣座银罐器形独特，较为罕见。银石榴罐共出土四件，形制相似，均为小口圆腹，厚壁圜底，因形似石榴而得名石榴罐。根据罐底的黑色烟灰以及它与大量丹砂同时出土推测，银石榴罐是一个简单的蒸馏器，使用时先将粉碎后的丹砂装入罐内，再将罐底加热使丹砂硫气化，最后经冷水冷却形成水银（图一六）。仰莲瓣座银罐的功能与银石榴罐类似，但形制更为特别。罐上部为罐状，小口高颈，圆肩鼓腹，上有伞形盖，带宝珠盖纽；下部似一圆底碗，底部饰仰莲瓣一周，各莲瓣中央錾刻一心形图案，空白部分则錾刻出竖条纹。虽然上部的罐体和下部的圆底碗，均是唐代常见的器形，莲瓣纹也是唐代普遍使用的装饰题材，但将三者融为一体的这种特殊形制，则仅见于何家村窖藏（图一七）。

何家村遗宝里的大唐风华

图一六 银石榴罐

第二章 民俗风尚

图一七 仰莲瓣座银罐

075

何家村遗宝中出土的药物有丹砂、钟乳石、白石英、紫石英、珊瑚、琥珀、黄（金）粉、金箔、麸金等，其中丹砂和钟乳石数量最多，品级最为复杂。如丹砂就有七种规格，分别为大粒光明砂、次光明砂、光明碎红砂、光明紫砂、红光丹砂、丹砂、朱砂。这些药物大都有镇静安神、益气明目、健五脏、提精神的作用，分别被装于各式金银盒内。有的金银盒上还有墨书，用来标记盛放药品的种类和数量（图一八、图一九），如"上上乳一十八两""次上乳十四两三分／堪服""次乳廿四两／须蕳（拣）择／有堪服者"。从墨书题记的内容来看，唐人通常以"两""分"作为计量单位，并对药物质量的优劣加以区分，在服食时尤其注重药物剂量。何家村遗宝中大量炼丹用具和药物的出土，是迄今为止唐代药具及药物最系统、最完整的一次发现，也是中国医药史上的一次重大发现。

炼丹术是古代炼制丹药的一种传统技术，它萌芽于春秋战国，形成于秦汉，流行于魏晋，隋唐臻于兴盛。隋代时，为了与青霞子苏玄朗创

图一八 "上上乳"

立的炼养学说相区分，炼丹术有了"外丹术"与"内丹术"的区分。外丹术又称金丹术、炼丹术，以丹砂、水银、黄金、白银、铅、铜、硫黄、雄黄、雌黄、礜石、砒石等金石药物为主要原料，辅以动物、植物等材料，经过炉火烧炼而发生化学反应，最终获得益寿延年的丹药来服食。内丹术又称为还丹术、大丹术，将人体比作丹炉，以精、气、神为对象，通过一定的炼养方法使精、气、神在人体内九转成丹。外丹术以服食丹药来实现长生不死，而内丹术则是通过自我修炼走向成仙之道。由于丹砂、水银均为有毒金属，过量服食会中毒而亡，因此唐末五代以后，外丹术逐渐开始走向衰落，内丹术随之而起。

唐代帝王多热衷于服食丹药，其中太宗李世民、宪宗李纯、穆宗李恒、敬宗李湛、武宗李炎、宣宗李忱的死亡，都有可能与服食丹药有关。《旧唐书·高士廉传》载，"太宗又命驾将临之，司空玄龄以上饵药石，不宜临丧，上表切谏"，这里提到的药石应是丹药。同书《敬宗本纪》载，敬宗即位不久便"遣中使往湖南、江南等道及天台山采药。时

第二章 民俗风尚

图一九 "大粒光明砂"

有道士刘从政者,说以长生久视之道,请于天下求访异人,冀获灵药",史料中的采药即是采集炼丹所用原料。同书《武宗本纪》载,"帝重方士,颇服食修摄,亲受法箓。至是药躁,喜怒失常,疾既笃,旬日不能言",已指出了服食丹药的危害。有关唐代帝王服食丹药的史料不胜枚举,从这些史料记载中我们不难发现唐代帝王大多崇尚长生不老之术,到处寻访有道之士、奇士异人,喜好服食丹药。唐代帝王服食丹药本是为了寻求长生,不曾想自己的早逝却是丹药所致。

在唐代帝王崇道服丹的影响下,达官显贵也纷纷效仿。据史料记载,杜扶威、尉迟敬德、袁恕己、颜真卿、李道古、裴行俭、萧嵩、王琚、元载、李抱真、郑注、李虚中、卢坦、李于等人以服食丹药、结交方术之士、寻访金丹仙药为时尚。由于炼丹主要原料多为有毒金属,服食过多会导致死亡,史料中也有很多劝谏之说。在《旧唐书·裴潾传》中,裴潾上书劝谏宪宗"况金石皆含酷烈热毒之性,加以烧治,动经岁月,既兼烈火之气,必恐难为防制"。白居易也在《思旧》一诗中痛陈饵食丹药的危害,"退之(韩愈)服硫黄,一病讫不痊。微之(元稹)炼秋石,未老身溘然。杜子(杜元颖)得丹诀,终日断腥膻。崔君(崔玄亮)夸药力,经冬不衣绵。或疾或暴夭,悉不过中年。唯予不服食,老命反迟延",感叹四位旧交皆因服食丹药而不寿。

唐代服食之风的盛行,极大地推动了道教外丹术理论和实践的发展。一方面,丹道流派林立,并形成了三大派别:一是金砂派,最为重视黄金、丹砂的炼制和服食;二是铅汞派,以铅、水银为至宝大药;三是硫汞派,主张用硫黄和水银来合炼丹药。另一方面,在药物种类、药物定量、用药处置、炼丹方法和器具等方面有了长足进步。外丹术炼丹的方法有炼(加热)、锻(高温加热)、养(低温加热)、炙(局部加热)、抽(蒸馏)、飞升(升华)、淋(过滤)、浇(冷却)、煮(加水加热)等。炼丹器具则有丹炉、丹鼎、水海、石榴罐、甘锅子、抽汞器、华池、研磨器、绢筛、马尾罗等。与此同时，还涌现出许多炼丹家和炼丹著作，比较著名的炼丹家有孙思邈、陈少微、张果等。孙思邈的丹道思想具有典型的医家风格，注重丹药治病疗疾的功用，而陈少微、张果则是金砂派的代表人物，极力主张服食丹砂。代表性的炼丹著作如蒙山张隐居的《张真人金石灵砂论》、陈少微的《大洞炼真宝经修伏灵砂妙诀》、金竹坡的《大丹铅汞论》、梅彪的《石药尔雅》。

同时，外丹术的实践成果在中国古代化学史和医药史上也留下了浓墨重彩的一笔。炼丹过程往往伴随着化学反应，在一次次的炼制过程中，古人积累了一定的化学知识和实践经验。而炼丹原料大多具有药用价值，持续性的烧炼过程有助于人们发现新的药物及药性，从而丰富医学的内容。我们今天中医外科学常用的提脓祛腐的主药升丹，就是由炼制的丹药演化而来的。

生命的有限性使得长生不老成为古人追求的终极目标，而服食丹药则成为实现这一目标的重要途径。繁花似锦的唐代社会，更让生活在其时的达官显贵不舍现世的荣华和富贵，在处于国家意识形态支配地位道教的助力之下，服食求仙更成为时代的潮流和风尚。然而，事与愿违，只道是"青山依旧在，几度夕阳红"了。

太平祥瑞符君德 鹤兔芝禾月不虚
——动物纹银盘与唐代的祥瑞文化

隋代末年，隋炀帝的穷兵黩武、横征暴敛和荒淫无度，使得各地的农民起义风起云涌。隋大业十三年（公元617年），太原留守李渊趁机起兵反隋，为建立大唐王朝迈出了第一步。之后，李渊带领长子李建成、次子李世民挥师南下、直逼长安。同时，指派四子齐王李元吉为太原郡守，驻守太原。

李元吉在驻守太原期间，喜获一块龙形青石，青石上丹书"李渊万吉"四字，字迹排布似若龟形，李元吉立即将这块青石献给了父亲李渊。李渊让人把青石蘸上水磨了又磨，以验证字迹是否为天然所成。几天之后，石头上的字迹愈发清晰，内外群僚都来庆贺。李渊高兴地说："上天明命，贶以万吉。"李渊等人都认为李元吉敬献的这块青石是天命所归的吉祥征兆，并为此专门设立受瑞坛，以示庆祝纪念。

这是收录在宋代李昉修纂的《太平广记》中的一个故事，故事来源于唐人李璋编撰的《太原事迹记》。由此来看，这是唐代广为流传的一个故事，是李唐王室为夺取天下而专门制造的图谶。这个图谶以中国传统祥瑞文化为支撑，通过一块龙形青石、青石上的吉语，以及吉语的龟形状貌，达到彰显并进而实现其政治目的的真实意图。

何家村遗宝中有很多与祥瑞文化有关的器物，鎏金龟纹银盘、鎏金双狐纹双桃形银盘和鎏金熊纹六曲银盘，正是唐代祥瑞文化在器物装饰方面的生动体现。

鎏金龟纹银盘，造型呈桃形，银盘中心捶揲一只龟，龟纹通体鎏金。"桃"有延年益寿的含意，"龟"是长寿、永恒的象征，银盘以桃为造型，以龟为装饰，有神龟献寿、长生不老之意（图二〇）。

鎏金双狐纹双桃形银盘，造型呈相连双桃形，双桃的中心处各捶揲一只狐狸。两只狐狸通体鎏金，一只狐狸回首俯视，一只狐狸回首仰视，相向而行，互为顾盼。唐人认为白狐、赤狐是上等祥瑞之物，银盘以狐狸和桃形为装饰题材，具有祈福、辟邪的功能。也有学者认为银盘中的两只动物不是狐狸，而是獾。"獾"谐音"欢"，两只獾即"两欢""双欢"，寓意友情或爱情的融洽和谐（图二一）。

第二章 民俗风尚

图二〇 鎏金龟纹银盘

鎏金熊纹六曲银盘，造型呈六曲花瓣形，银盘中心捶揲一只熊，熊纹通体鎏金。古人认为熊代表力量，并象征生命力，传说女子梦中有熊是生子的预兆（图二二）。

何家村遗宝中这三件动物纹银盘，制作工艺和装饰风格异曲同工。它们均以植物的果实或花朵形状为器形，以动物形象为主题装饰纹样；在构图方式上虽然借鉴了中亚粟特金银器的单点式装饰风格，但主题纹样却是中国的传统题材。因此，这三件银盘不仅是中西文化交流的物证，更是唐人兼收并蓄、推陈出新时代精神的体现。而将龟、狐、熊等祥瑞动物作为银盘的主题纹饰，则反映出源远流长的祥瑞文化对唐人生活的深刻影响。

祥瑞即吉祥符瑞，又可称为符瑞、瑞应、嘉瑞、福应、祯祥等。祥瑞文化作为一种特殊的社会文化现象，对中国古代的政治与社会产生了重要影响。祥瑞思想发端于原始先民的自然崇拜意识，植根于原始先民根据自然现象预测吉凶的行为习惯。进入历史时期之后，随着国家的诞生，这种依据自然现象预测吉凶的行为逐渐被赋予了浓厚的政治色彩，成为预测国家兴衰的征兆。西汉时期，董仲舒借鉴儒、墨、道、法和阴阳五行等思想，对先秦的祥瑞灾异思想进行了系统性的总结，提出了"天人感应"学说。董仲舒认为，祥瑞是"受命之符"，并且"非力之所能致而自至者"，而灾害的产生是因为"国家之失"，且"天出灾害以遣告之"。在董仲舒看来，祥瑞、灾异与国家兴衰密切相关，政通人和则祥瑞出现，反之则有灾害产生。董仲舒"天人感应"思想成为祥瑞文化影响历代政治生活的重要理论基础，对两汉及后世均产生了深远影响，后人对祥瑞、灾异现象的认识、解释和运用，都是对其思想的继承和发展。

经过历朝历代的不断发展，古代祥瑞种类纷繁复杂。有学者对两汉以来的画像石进行辑录，发现共有祥瑞三十六种；南朝沈约编纂的《宋书·符瑞志》，总结两汉以来的祥瑞则有一百零七种。据《新唐书·百官志》记载："凡景星、庆云为大瑞，其名物六十四；白狼、赤兔为上

第二章 民俗风尚

图二一 鎏金双狐纹双桃形银盘

图二二 鎏金熊纹六曲银盘

083

瑞，其名物二十八；苍乌、赤雁为中瑞，其名物三十二；嘉禾、芝草、木连理为下瑞，其名物十四。"说明唐代的祥瑞已有大瑞、上瑞、中瑞、下瑞四个等级一百三十八种之多。两宋时期，祥瑞灾异之说泛滥，祥瑞种类更加丰富，仅宋真宗大中祥符二年（公元 1009 年）五月，崇和殿就有瑞物四百余种。总结历代史书文献所载，祥瑞可大体分为以下五种：一是祥云、景云、景星、老人星等天文祥瑞；二是凤凰、麒麟、九尾狐等动物祥瑞；三是芝草、嘉禾、连理枝等植物祥瑞；四是甘露、醴泉、瑞雪等自然现象；五是鼎、钟、玉磬、玉璧等特殊器物。

中国古代许多史书都设有专志，记载各个历史时期出现的祥瑞现象，如东晋王隐编纂的《晋书》就有专门记载金石之瑞的《石瑞记》，南朝沈约编纂的《宋书·符瑞志》更是开创了正史设专志记录祥瑞的先河。

基于祥瑞思想对现实政治和社会生活的重要影响，唐代统治者对祥瑞文化特别重视，不仅将祥瑞纳入国家政事，还设立专门的机构和官员对祥瑞现象进行记录、奏报和廷议讨论。唐代祥瑞事务管理体系完备，不仅对祥瑞的奏报做了明确的规定，而且还制定了一套完整的奏报程序。首先，唐代祥瑞的奏报主要由地方官员负责，官员在奏报之前要查验所报祥瑞的真假。如果是山雀、瑞鹿等动物祥瑞，则要随同贺表一起进献；如果是芝草、连理枝等植物祥瑞，要另外附上祥瑞图案。其次，唐代将祥瑞奏报数量作为官员考核的标准之一，官员应奏祥瑞而未奏也会受到责罚。最后，祥瑞出现后，如果是大瑞要立即上贺表奏报，其余等级祥瑞则要一并上报礼部。礼部由礼部郎中、员外郎负责祥瑞相关事务，包括核实祥瑞名称和真假，代替本司或百官上奏贺表、将地方上报祥瑞登记造册等。

祥瑞文化始终与唐王朝的政治运作有着密不可分的关系，因为在唐朝统治者看来，祥瑞不仅可以成为朝廷歌功颂德、粉饰太平的工具，而且还能充当皇权争夺与转移的筹码。高祖李渊创业之初，便开始大量利用图谶、祥瑞为自己营造有利的舆论环境。李元吉在太原发现的刻有"李渊万吉"四字的龙形青石，就是这诸多图谶中的一个。武则天为了证明自己掌权执政的合法性，不仅让人假造祥瑞，还鼓励地方官员积极向朝廷奏报祥瑞，《新唐书》记载："武后擅位，喜符瑞事，群臣争言之。"玄宗即位初期，也充分利用祥瑞来构建自己取得皇位的合法性。

值得注意的是，祥瑞并不是孤立存在的，与其相伴生的还有灾异的出现。一方面祥瑞灾异成为统治者强化政权合法性的政治工具，另一方面又用祥瑞灾异来规范统治者的政治行为，最终起到调节封建王朝统治秩序的作用。不论是祥瑞降临，还是灾异出现，对封建王朝统治者来说都是一种征兆，促使他们对此采取一定的措施，或是大赦天下、减免税赋，或是修德养心、勤政廉民。根据《唐会要·祥瑞》记载，唐高宗龙朔三年（公元663年）十二月，因为在含元殿见到"麟"，便下诏将来年改为麟德元年（公元664年）。同时，将京城及雍州诸县囚徒的罪刑各降一等，杖罪以下罪刑全部获得赦免。

在民间文化中，祥瑞文化也占据着非常重要的地位。在民间，瑞物的政治属性逐渐剥落，其本身的吉祥内涵则日益突显，祥瑞崇拜多以符号的形式寄托着民众避凶趋吉、祈福禳祸的美好愿望，从而衍生出一种吉祥文化。如连理木、比翼鸟、同心鸟、比目鱼等瑞物，原用来代指帝王之德，后成为美好爱情的象征。河图、洛书、甘露、灵芝、鹿、龟、凤等，逐渐成为佛道两教的吉祥之物。祥瑞文化特有的感染力和生命力，使其在器物装饰、民谣俗语和民俗活动方面多有体现，这既给人们平凡的生活增添了希望，也给民间喜庆节日带来了吉祥和欢乐的气氛。

祥瑞灾异思想，在今天看来虽然有点荒诞不经，但不管是其基于"天人感应"理论对古代政治生活的一定规范和限制，还是其中所包含的人类对美好生活的向往，都有其积极的意义和丰富的内涵。理解了中国古代的祥瑞文化，再欣赏何家村遗宝中这三件动物纹银盘时，我们就会离那个伟大的朝代更近一些。

第二章　民俗风尚

自古虽有厌胜法 天生江水向东流

——从『永安五男』铜钱、鎏金铜『货布』看古人的厌胜习俗

何家村遗宝里的大唐风华

秦昭襄王五十一年（公元前256年），蜀郡太守李冰父子组织带领蜀地民众，克服重重困难，经过八年的努力，终于建成了彪炳史册的大型水利工程——都江堰，不仅使自古以来水旱灾害十分严重的成都平原从此变成了沃野千里的"天府之国"，而且成为古代水利工程沿用至今的伟大奇观。

然而，千余年后的唐上元二年（公元761年），大诗人杜甫在其创作的《石犀行》一诗中却对李冰父子发出了"微词"："君不见秦时蜀太守，刻石立作三犀牛。自古虽有厌胜法，天生江水向东流。蜀人矜夸一千载，泛溢不近张仪楼。今年灌口损户口，此事或恐为神羞。"诗人说：蜀郡太守李冰兴修水利时，曾经刻五头石犀牛以镇江水。虽然有一物镇服一物的说法，但是江水还是顺势向东而流。当地人总夸耀石犀能治水，洪水泛滥也淹不到张仪楼上。可是今年灌口暴发洪水淹没人家，此事恐怕镇水之神也感到羞耻了吧。

杜甫一向关心人民疾苦，在得知成都灌口（今灌县西北）一带人民遭受严重水灾之后，便通过咏物言志、借古讽今，号召大家不要迷信石

犀能镇压水精、防止洪溢，而要凭借人力继续治理水患。此诗构思精到，语意沉郁，忧愤深广，意境浑成，特别是其中所体现出来的人本主义思想和唯物主义认识观，尤为难得。

那李冰在修建都江堰水利工程时，为什么要凿刻五头石犀牛呢？这与自古以来就存在的厌胜思想及"厌胜法"密切相关。

厌胜是中国古代用符咒制服人或物的一种巫术，主要用来驱邪避凶、祈祷平安吉祥。"厌"在此处读作"yā"，通"压"，即压服、震慑之意，因此厌胜又可称为压胜。"厌胜"一词最早见于《汉书·王莽传》："是岁八月，莽亲之南郊，铸作威斗。威斗者，以五石铜为之，若北斗，长二尺五寸，欲以厌胜众兵。"王莽试图用厌胜术来壮大军威。汉魏以来，厌胜术逐渐被人们信奉与尊崇，而厌胜钱则成为其主要的"道具"。

何家村遗宝中的鎏金"永安五男"铜钱和鎏金铜"货布"就是中国古代典型的厌胜钱。鎏金"永安五男"铜钱，重达20克，圆形方孔，正面钱文"永安五男"，背面饰青龙、白虎、朱雀、玄武四神图案，正面四字吉语与背面四神祥瑞图案相呼应（图二三）。何家村遗宝中还有一枚"永安五铢"铜钱，铜钱直径2.3厘米，重3克左右。"永安五铢"铜钱中的"永安"，为北魏孝庄皇帝统治时的年号，"永安五铢"为永安二年（公元529年）始铸。"永安五男"铜钱与"永安五铢"铜钱在形制、重量、钱文内容及布局特点等方面都完全不相符合，且"五男"含义不明。故综合考量，"永安五男"或为祈福用语，有永保平安之意，推测该枚铜钱应为唐人铸造的用于除邪求吉的厌胜钱。

何家村遗宝中还出土了六枚鎏金铜"货布"（图二四），重量均在12克左右。布首正中有大圆穿，宽裆、方底，通体鎏金，钱面篆书"货布"二字。这种形状似铲的布币，又称铲布，从青铜农具"镈"的形状

图二三 "永安五男"铜钱

演变而来,是春秋战国时期流通于中原诸国的铜币。西汉末年,王莽托古改制,于天凤元年(公元14年)废除了执政初期铸行的大、小钱,将货布和货泉作为流通货币。王莽时期的货布制作精美,钱文采用悬针篆体,隽秀流畅,但未见有鎏金货布。何家村遗宝出土的这六枚鎏金铜"货布",钱币形制均小于王莽时期的货布,重量也轻于王莽时期的货布,且钱文漫漶、笔画臃肿。由此判断,这六枚铜鎏金"货布"是唐代对王莽货布的仿制,其用途或作雅赏品玩,或作厌胜辟邪之用。

厌胜钱因其多有纹饰图案而被民间称为花钱,又因多数用于赏玩和馈赠而被称为玩钱,后因图案内容多与民俗文化有关又被学者总称为民俗钱。厌胜钱的起源与早期社会所信奉的灵魂崇拜、事死如事生的生死观渊源深厚。早在战国时代,人们就感受到了金钱的精神力量,开始把钱币及其他财富陪葬在墓葬里,让逝者在九泉之下继续享受生前的荣华富贵。但毕竟大量的"真金白银"埋入黄土之中是对社会财富的极大浪费,于是替代品——专门为死者制作的、仿制正式流通钱币的冥币也从

第二章 民俗风尚

图二四 鎏金铜"货布"

此诞生。到了汉代，人们开始铸造更多的仿真货币，并将之用于馈赠、赏玩、祈福等多种场合，以表达拥有者"宜子孙，入千金，辟不祥"的心愿。魏晋南北朝时期宫中铸造厌胜钱的习俗逐渐传至民间，唐代时开始出现专门为寺院铸造的佛教用钱，宋元时期厌胜钱的品种和数量更为丰富，明清两代厌胜钱的制作更是达到鼎盛，工艺也更为精湛。

厌胜钱虽然是仿制历代流通货币而成，但因其不是正式的流通货币，铸造时对质地、形制和工艺的要求相对要灵活和宽松一些，因此中国古代的厌胜钱相较流通货币更为繁复多样、佳品迭出。厌胜钱有以下几个特点：一是质地多样。有金、银、铜、铁、铅、玉石、象牙、竹木等多种质地，其中铜质居多；二是形制各异。从其外观形状来看，既有传统的圆孔圆形、方孔圆形，又有流变的布形、刀形、圆形，更有创新的梅花形、莲花形、葫芦形、仙桃形、蝴蝶形、祥云形等。同时外轮廓边沿还有宽轮、窄轮、单轮、宠轮、花轮、无轮多种，内孔则有方孔、圆孔、花孔、无孔多种；三是工艺水平良莠不齐。官方铸造的钱币往往工艺精湛，具有较高的艺术价值，而民间铸造的钱币通常工艺水平不高；四是从钱文装饰手法看，有浮雕式图饰和透雕式镂空两种；五是从其钱文字体看，不仅有甲骨文、蝌蚪文、篆书、隶书、楷书、草书等不同字体，而且还有梵文、蒙古文、满文等多种文字；六是从钱文布局看，更是不拘一格，既有自上而下、从右到左的"直读"，又有自上而右、自下而左的"左旋读"和自上而左、自下而右的"右旋读"，还有从右向左的"右横读"和从左向右的"左横读"；七是从钱文内容看，其所反映的文化内涵极其丰富。钱文的文字和图案涉及历史、地理、宗教、神话、民俗、文化、娱乐、书法、美术等多个方面，反映了不同历史时期人们的宗教信仰、社会风俗和文化娱乐。

与佛教、道教和民间信仰有关的厌胜钱，主要反映了佛家的价值观念、道家的精神追求和民间传说中的神灵。佛教厌胜钱的面文通常取用

"阿弥陀佛""观音菩萨""承华普庆"等佛教用语，钱背则用佛教吉祥物和信物来装饰。此外，用来供奉佛殿神像的钱币也属于佛教厌胜钱，正面钱文除沿用国号、年号外，还有"香花供养""进香直让"等，背面则有"护圣""香殿"等。道教厌胜钱则有八卦钱、"天官赐福"钱、生肖钱、本命星官生肖钱、天师驱鬼生肖钱。如八卦钱，钱文正面为八卦符和卦文，背面多为咒语，多贴于门额，用来镇宅院、保平安、祛病邪。又如生肖钱，钱币正面为十二生肖的图案、名称，有时还配有十二地支文字，背面则多为八卦、星官和吉语。生肖钱主要用来佩戴，以祈求平安吉祥。

吉语钱是厌胜钱中铸造量最大、版式最多、内容最丰富的类别，因钱文为寓意祝福的吉语而被称作吉语钱或口彩钱。吉语钱多用于交往馈赠和礼仪活动中，以传递人们的良好祝愿和对美好生活的追求。吉语钱根据钱文内容和使用场合还可以细分为三类，其一为有关人生重要阶段的吉语钱，包括出生满月的洗儿钱、周岁时的长命钱、结婚时的撒帐钱、参加科举时的"五子登科"钱、祝寿时的"福寿康宁"钱以及去世后的压棺钱等；其二为与节庆时令有关的吉语钱，诸如农历春节时长辈送给小辈的压岁钱和吃饺子时的口福钱，元宵节时的挂灯钱，端午节时的"吾日午时"钱以及中秋节的祈月钱等；其三为祈求福禄的吉语钱，其中最具代表性的是五福钱。古人将长寿、富贵、健康、美德、寿终视为人生五福，根据汉字谐音取意的特点，钱币上选用五只蝙蝠来寓意五福。

此外，厌胜钱中还有专供人们在博弈、体育和游戏等活动中使用的娱戏钱，如打马格钱、棋钱和谜语钱等。打马格钱俗称马钱、将马钱，盛行于北宋时期，种类繁多。有的打马格钱一面是马形图案，一面是马的名称，有的打马格钱一面是骑马将军或者马形图案，而另一面是将军姓名或官职。值得注意的是打马格钱上铸造的马多为历史上的名马，如秦始皇的追电、追风，唐太宗的昭陵六骏等。打马格钱的游戏规则是双方利用"马"来布阵、设局、进攻、防守、闯关,从而根据袭击敌人的成绩来判断输赢。棋钱,因形状类似象棋而得名。常见的棋钱有两种,一种两面都是"将""士""象""炮"等文字,另外一种一面是"马""卒""车"等文字,另一面则是与文字相对应的图案。在谜语钱中单面谜语钱较多,即一面是谜语,另一面是吉祥语。谜面如"天下我为头,无我不风流,倘若少了我,衣食也难求""内方外又圆,君王在上边,无手又无脚,为何天下传"。

厌胜钱,不仅仅是古人供奉神佛的宗教用品、祈福避凶的心灵寄托和丰富生活的娱乐形式,更是各个历史时期人们宗教信仰、社会风俗和文化娱乐的重要载体。小小一枚厌胜钱蕴含了丰富的文化内涵,重要的历史价值和艺术价值,是古钱研究中一个不可或缺的领域。

比似莆杭倾盖时 更崇古雅黜新奇
——何家村遗宝中的历代钱币与古物收藏之风

"千古第一才女"李清照出生于一个爱好文学艺术的士大夫家庭，其父李格非深受北宋大文豪苏轼的器重，名列"苏门后四学士"之一，官至北宋礼部员外郎。李清照自幼就聪慧颖悟、才华过人，再加之家学熏陶、耳濡目染，十五六岁时创作的两首《如梦令》词作以及唱和"苏门四学士"之一张耒《读中兴颂碑》的两首诗，就让她在北宋文坛崭露头角，声名更是惊动了整个汴京城。

巨大的声名也很快为她带来了爱情。时任吏部侍郎赵挺之的三儿子赵明诚也是汴京城里的知名少年，风流倜傥，才华横溢。元宵节时，赵明诚外出游玩，在相国寺赏花灯时与李清照相识。赵明诚早就读过李清照的诗词，本就赞赏不已，此时一见，爱慕之意顿生，回家之后便委婉地向父亲谈及此事。赵挺之心领神会，很快即派人去向李家求亲。

李赵两家门当户对，两个年轻人年龄相仿、品貌相若，两家姻亲自然一拍即合。北宋建中靖国元年（公元1101年），18岁的李清照与21岁的太学生赵明诚在汴京成婚。婚后两人琴瑟和鸣、恩爱有加，从而更加激发了李清照的创作热情,她在这一时期创作的《减字木兰花》,即是对其婚后幸福美满感情生活的生动描绘。

而为婚后两人感情不断"加温"的则是他们共同的志趣和爱好,那就是对收集金石碑刻的热爱和一起切磋研习的和美。正如李清照在《金石录后序》中所说:"每获一书,即同共勘校,整集签题。得书、画、彝、鼎,亦摩玩舒卷,指摘疵病,夜尽一烛为率。故能纸札精致,字画完整,冠诸收书家。余性偶强记,每饭罢,坐归来堂烹茶,指堆积书史,言某事在某书、某卷、第几叶、第几行,以中否角胜负,为饮茶先后。中即举杯大笑,至茶倾覆怀中,反不得饮而起。"一对才子佳人,因收藏勘校古物而更加志同道合、鹣鲽情深。

我国古代文人雅士、达官贵族对古物的喜好、收藏与研究,有着悠久的历史传统。何家村遗宝中出土的三十九种四百六十六枚钱币,即与唐人的收藏之风有关。这批钱币从材质看,有金、银、铜鎏金、铜四种;从时代看,上迄春秋,下至唐代,时间跨度长达千年。钱币种类繁多,既有前朝遗留的货币,也有唐人仿制的货币;既有用于流通的官方铸币,也有用于祈福避凶的厌胜钱;既有中国古代流通的货币,也有西方及周边国家流通的异域钱币(图二五)。

这批钱币中除了唐代制作的具有压胜辟邪性质的仿古珍品和具有赏赐性质的金、银开元通宝之外,尤其值得注意的是其中那些曾经具有流通性质的货币,它们几乎囊括了唐代"安史之乱"之前每个历史时期最有代表性的货币,而且基本上是一种一枚。这其中就包括春秋时齐国的刀币"节墨之法化",战国时赵国的布币"京一釿";西汉吕后时的八铢"半两"和文帝时的四铢"半两";新莽时的"一刀""大布黄千""大泉五十""小泉直一""货布""货泉"饼钱、无字"货泉"、剪边"货泉";东汉时的"五铢"、剪边"五铢"、四出"五铢";三国时蜀汉的"直百""直百五铢"和孙吴的"大泉当千";前凉时的"凉造新泉";北魏

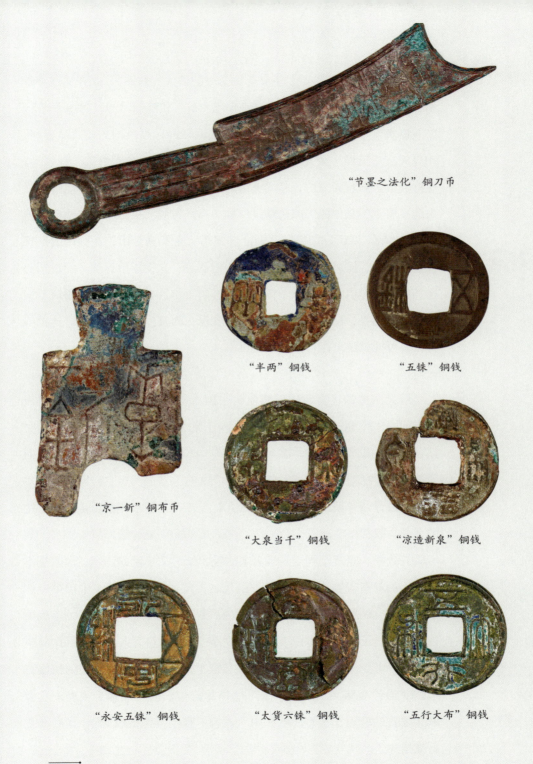

图二五 何家村遗宝中的历代钱币

孝庄帝时的"永安五铢";南朝陈宣帝时的"太货六铢";北齐文宣帝时的"常平五铢";北周武帝时的"五行大布"和静帝时的"永通万国",以及唐贞观十四年(公元640年)以前西域麴氏高昌国的"高昌吉利"和唐天宝十五载(公元756年)以前的五种七枚"开元通宝"铜钱等。这批钱币系列较为完整,基本上可以反映唐天宝十五年以前中国古代钱币的发展史,其中的"凉造新泉"和"高昌吉利"更是罕见的珍品。另外,日本的"和同开珎"、波斯萨珊银币、东罗马金币,在国内的发现也极为稀少,实属难得。由此,学者们认为,这批货币显然是经过精心选择的一批专门收藏。至于钱币收藏者的身份,学界一直存有争议,但可以肯定的是,这位钱币收藏家不仅资深,而且身份极为高贵。这批钱币极有可能就是皇家乃至宫廷的收藏。

敬天法祖的经世致用思想使得中国古代对古物的收藏不仅起源极早,而且一直以来深受统治者和文人士大夫阶层的高度重视。商周时期,皇室、贵族宗庙中"多名器重宝",保存着青铜器、玉器及其他前代遗物。春秋时期,孔子对鲁国太庙收藏的欹器进行观察研究。秦始皇东巡路过徐州彭城的泗水时,曾派人打捞被投入泗水的据传是大禹所铸的九鼎。汉代皇室收藏十分丰富,汉武帝刘彻创置秘阁,以聚图书,其中既有典籍,也有绘画。东汉著名的经学家、文字学家许慎,因收进不少出土的鼎彝等器物上记录着"前代之古文",从而编纂了中国第一部字典《说文解字》。西晋武帝时期,在汲郡(今河南卫辉)的一座战国古墓中出土了一批竹简古书,经过学者荀勖、束晳等人多年的释读与整理,最终编定形成了初释本的《竹书纪年》。南北朝时期发明的拓墨技术,使得钟鼎铭文及石刻文字可借拓片流传。被后人尊为"唐宋八大家"之首的韩愈在《石鼓歌》中所说的"张生手持石鼓文",指的就是石鼓拓片。

韩愈《石鼓歌》中所说的石鼓于唐代初年出土于凤翔府天兴县(今

陕西宝鸡）三畤原，共有十面。石鼓一经出土，得知消息的文人墨客便纷纷慕名而至，并拓下石鼓上的文字，到处寻找名家进行研究。但由于这些硕大的石鼓外形奇特，上面的文字笔法奇异，也无人能够识读，因此并未引起朝廷和官府的注意。直至唐宪宗元和六年（公元811年），韩愈的《石鼓歌》问世之后，石鼓的历史价值才逐渐被官府重视，并在之后被迁入凤翔孔庙保存。韩愈在其《石鼓歌》开篇所说的"张生手持石鼓文，劝我试作石鼓歌"，就是其大弟子张籍拿着石鼓文的拓片来找他，让他写一首咏赞石鼓的诗文以引起朝廷的重视。然而之后，石鼓在凤翔孔庙中待得并不安稳。随着朝代更迭，战乱频仍，石鼓也饱尝了颠沛流离的命运，直至中华人民共和国成立后被收藏于北京故宫博物院，才最终结束了其几经遗失又重现的历史厄运。至此，被康有为誉为"中华第一古物"的这十面石鼓上的文字尽管已很不完整，但作为中国最早的石刻诗文、篆书之祖，却成为中国古物收藏史上的一个奇迹。

　　北宋王朝为巩固统治秩序之需要，大力鼓励经学，再加之造纸、印刷与墨拓技术的空前发展，使得收藏和研究鼎彝铭文款识和石刻碑文更为便捷，因此北宋时期，青铜器研究与石刻研究大为盛行，中国特有的金石学从而正式形成。宋代的金石学也被称为"欧赵之学"，"欧"指的是欧阳修，"赵"指的就是赵明诚。赵明诚因为与李清照共同编撰的《金石录》材料翔实、考证精当，与欧阳修《集古录》齐名，而获得了如此盛名。《金石录》著录了赵李二人收藏及所见到的从夏商周三代至隋唐五代以来的钟鼎彝器的铭文款识和碑铭墓志等石刻文字，共两千余种，成为继欧阳修《集古录》之后规模更大、更具文物历史价值的金石学专著。《金石录》的编撰不仅成就了赵明诚作为金石学大家的学术地位，也见证了赵李二人幸福美满的爱情婚姻，更成为赵明诚去世后，李清照继续系统修订、补正、校勘《金石录》，乃至在国破人亡之后，还能勇敢面对困苦孤寂的力量源泉。

在古人收藏的诸多物品中,古钱币虽然不如鼎彝石刻因有铭文款识可以正经补史而备受重视,但其独有的魅力也早早引起了藏家的注意。

货币的本质是作为一般等价物的特殊商品,是一国经济的重要体现,因此每个朝代都会铸造自己的法定流通货币,所以不同的货币就成为不同时期政治、经济、文化、艺术,乃至当时人宇宙观和哲学观的综合反映。中国古代的原始社会末期,随着经济的发展,货币作为一般等价物开始出现,但当时的货币主要是天然海贝。商代中晚期以后,随着社会的发展和对冶炼技术的掌握,仿照天然海贝的金属贝类铸币开始出现。但目前考古所见最早的金属铸币,则是春秋早中期在黄河中游三晋、两周地区出现的布币和黄河下游齐国出现的刀币。自此以后直至北宋纸币"交子"出现之前,金属铸币一直主宰着古代社会的经济生活。

虽然历史上关于货币的私家收藏记载不多,但从历代货币的研究和编撰的相关著作反映出,起码官府和朝廷应对历代货币有所收藏。早在南北朝时期,就出现了刘潜的《钱志》和顾烜的《钱谱》等专门的钱币研究著作。唐、宋、元、明、清,钱币研究一直绵延不绝,研究著作也相继问世。唐代史学家、文学家封演,除著有研究唐代文学重要资料的《封氏闻见记》之外,还著有《续钱谱》一卷,书中著录的就是顾烜《钱谱》后的钱币种类,下限截至开元通宝,只可惜此书早已散佚。封演在天宝年间在专为贵族子弟开办的太学学习,天宝十五载(公元756年)进士及第,德宗时期开始为官从政。由此来看,主要活动集中于唐玄宗至唐德宗时期的封演,与目前学术界认定的何家村窖藏的埋藏时间大致相当。虽然我们无法确知封演有无见过何家村的这批钱币,也无法确知其所编撰的《续钱谱》和何家村这批钱币的对应关系,但我们可以基本确定的是封演在编撰《续钱谱》时,应该见过类似何家村窖藏钱币这样的收藏。

  收藏前代遗留下来的器物、货币、服饰、字画、书籍、典章等古物，是古人尚古行为的具体体现。而对前朝先王和经典的尊崇和效法，则体现在社会生活的各个方面。文人士大夫从日常生活中对古代遗迹的凭吊，到在艺术创作中追求古雅古韵之风尚，再到推崇古圣先贤思想的高妙、器用制度的完备，都是中国古代敬天法祖思想的延续和发展。虽然古代帝王和文人士大夫的收藏和研究，其目的主要是通过"师古"以化解当下的政治危机，为封建王朝的统治寻求治世良策，但客观上却起到了对中华传统文化继承和弘扬的积极作用。

第三章 大唐丽人

鬓动悬蝉翼 钗垂小凤行
——金钗和金梳背与唐代女子的发饰和发式

何家村遗宝里的大唐风华

　　唐代宗大历年间，陇西书生李益，年过弱冠，为参加朝廷选士而留寓长安。

　　正月十五夜，李益与友人闲游上元灯会，途中拾得一支发钗，踌躇之际，看见不远处有一个丫鬟似在找寻什么，李益便上前询问缘由。原来丫鬟是替她家小姐霍小玉来找回一只丢失的紫玉燕钗，她们推想可能是之前路过此处时，被一旁的梅树枝丫挂落了，因此便返回这里觅寻。话音刚落，只听身旁一声呼唤，抬头便看见一名女子款款走来，风姿清扬、婉约动人，正是主家霍小玉寻踪而来。

　　李益与霍小玉两人双双而立，少年仪容雅秀、器宇轩昂，少女琼姿花貌、清艳脱俗，爱慕之心像化学反应般倏忽间在二人心里暗暗滋生。李益向女子拱手行礼，女子也施然回礼。一番寒暄后，李益小心翼翼地从怀中取出一只发钗，正是小玉不慎遗落的那支紫玉燕钗。为了再次相见，李益推说择日托人专门上门归还发钗。

　　次日，李益所托的媒人便持发钗来求婚盟，小玉见到钗子心中欢喜。其母明白了女儿心事，也乐得应允下来。于是，李霍二人"引谕山河,指诚日月",结成秦晋之好。不久之后,李益参加殿试高中状元,却因得罪位高权重的卢太尉而被派往塞外随军。之后卢太尉又发现李益年少有为,欲招其为女婿,却被李益婉拒。卢太尉知悉李益拒绝是因霍小玉的缘故,便使计拿到小玉的紫钗,并从中挑唆、阻挠,致使二人互生怨隙。侠士黄衫客听闻此事,慷然帮助二人相见。李霍二人执手相看,凝噎无语,李益为小玉戴上紫钗,两人前嫌尽释,从此白发齐眉、同谐到老。

这则令人动容的爱情故事出自明代杰出戏剧家汤显祖"临川四梦"中的第一梦《紫钗记》,是作者根据唐代蒋防的一篇传奇小说《霍小玉传》改编而来。发钗在故事的发展中始终占据不可或缺的"C位"。李霍二人由钗结识,以钗定情,因钗生隙,最终凭钗重圆,道出了作为古代女子最重要的发饰之一的"钗",在古人感情婚姻生活中的重要意义。

钗是一种双股的发饰,形状、功能皆类似现代的发卡。唐代贵族女性所用的钗,一般用金、银、玉等贵重材料制成。何家村遗宝中就有九枚发钗,有长有短,长钗近 25 厘米,短钗八九厘米,皆为素面金质。其中一枚云头形金钗,钗首有三条凸起的细棱,似飘浮的云朵形状,简洁却不失精致(图二六)。

图二六 云头形金钗

这种素面金钗多流行于唐代初期，随着社会经济和文化的发展，用各种飞禽、瑞兽、花木形象装饰钗头的炫目华丽的花钗逐渐风靡起来。从唐诗中看，当时的花钗造型多样，有"妆成浑欲认前朝，金凤双钗逐步摇"（罗虬《比红儿诗》）的"凤钗"，有"头上玉燕钗，是妾嫁时物"（李白《白头吟》）的"燕钗"，有"翠钗金作股，钗上蝶双舞"（温庭筠《菩萨蛮》）的"蝶钗"，有"翠蛾转盼摇雀钗，碧袖歌垂翻鹤卵"（元稹《何满子歌》）的"雀钗"，也有"丽人绮阁情飘飘，头上鸳钗双翠翘"（韦应物《长安道》）的"鸳钗"。将这些带有美好寓意的祥瑞禽鸟装点在钗头，精致华美又富有创意，体现了唐人对美好生活的向往与追求。

由于钗在女子发饰中的普遍性，因此也常被作为恋人之间的信物。定情时赠钗，表示"两股金钗已相许，不令独作空城尘"。唐玄宗与杨贵妃"定情之夕，授金钗钿合以固之"（陈鸿《长恨歌传》）。待不得已离别之时，又将双股的发钗一分为二，"钗留一股合一扇，钗擘黄金合分钿。但教心似金钿坚，天上人间会相见"（白居易《长恨歌》）。一股留给自己，一股赠与对方，再见时将其相合，完成类似"破镜重圆"的约定。

钗的"基础款"是簪。双股为钗，单股为簪。簪其实就是古时候的"笄"，一般呈长锥状，首粗尾细，新石器时期就已经出现。笄原本是人们为了方便劳作，将长发盘结绾束的工具，所以取材多来自生活中常见的材料，如骨、木或玉石等。秦汉之后，"笄"逐渐被称为"簪"，不分男女，皆可使用。男子用其安发固冠，样式一般较为简单。杜甫有诗"白头搔更短，浑欲不胜簪"，就是男子用簪的体现。女子用簪除固发之外，装饰的功用更要突出一些，因此簪的样式就精美得多，通常用鸟雀、花草等装点簪首，造型别致、意趣生动。佩戴笄或簪除了装饰作用，还具有社会文化内涵。古代女子满十五岁要举行"及笄"之礼，即将长发绾束起来用笄插贯固定，因此"及笄"也成为女子正式成年的代称，预示着可以商谈婚嫁之事了。

钗的"顶配款"是步摇，即在簪钗首部用金丝扭成枝状，再缀以垂珠、流苏等饰物。女子头上佩戴着这样的饰物，走起路来饰物会随着身姿摆动而摇晃，因此得名"步摇"。唐代步摇多做成鸟雀状，在鸟雀口中挂上珠玉，为佩戴的女子平添了灵动婀娜之美。白居易的一句"云鬓花颜金步摇"，让杨贵妃面若桃花、鬓发如云，头戴华美的金步摇，莲步轻移、珠随人动的万种风情，一下子变得鲜活而生动。

盛唐时期，女性时尚圈里还兴起一阵头上插梳的风潮。梳子的出现可追溯到新石器时代，齿粗而疏；春秋时期又出现了篦，齿细而密。梳和篦本来都是整理头发、清除发垢的工具，后来逐渐也成为女子的发饰。作为发饰的梳子，因为功用已从实用变为装饰，所以在材质和工艺上都极其讲究。

何家村遗宝中就有这么一件小巧玲珑的金梳背，从其大小、材质和工艺判断，当为一件装饰用梳而非梳理用具。梳背长7.9厘米、高1.5厘米，由两层金片剪裁合并成半月形，上面布满了细密规整的纹饰。梳背上部的弧形装饰带将梳背分为两个装饰区间。弧形装饰带之上的梳背顶端，焊接着用金丝掐编成的抱合式卷草纹样，既满足了缀合连接的目的，又增添了装点美饰的效果。抱合式卷草纹样外围，用金珠焊接十四个连弧形边饰，使其顶端形成规则的花朵纹样。弧形装饰带之下是主体装饰区，纹样以中心花结为中轴呈对称式分布；以掐丝焊接出的卷草纹为衬底，间饰几朵舒展的花朵和叶瓣，花朵与叶瓣中填满鱼子大小的金珠，灵动而富有立体感。梳背下沿用金丝掐编，并焊缀细密的金珠，下沿内部中空以插嵌梳齿（图二七）。

头上插梳在古代并非鲜见的现象，但真正成为流行风潮却是在唐代。作为配饰达人，唐代女性掌握了形式多变的插梳技巧，或在发髻前

何家村遗宝里的大唐风华

图二七 金梳背

后,或在发髻左右,采用横插、对插或斜插等多种方式,将小梳错落有致地装点于发髻间。元稹《恨妆成》中"满头行小梳,当面施圆靥"就形象地反映出这种插梳之风的隆盛。梳齿没于髻中,梳背留于髻外,华美的梳背与如墨的发髻相互映衬,望去好似点点星辰在漆黑的银河中熠熠闪耀。

唐代女性不仅钟情发饰,也很着意创新发式,其中最具代表性的非高髻莫属。唐代女性对其异常热衷,对此唐代多位皇帝都曾下令禁止,但始终难以使这股热潮冷却。对于城中女子皆好高髻的缘由,唐太宗也曾疑惑地向近臣询问,大臣解释说:头部是人体的重要部位,加高发髻能更加凸显其重要性,因此这也是合于情理的。孟简《咏欧阳行周事》中有"高髻若黄鹂,危鬟如玉蝉",岑参《敦煌太守后庭歌》中有"美人红妆色正鲜,侧垂高髻插金钿",都是对唐代女性高髻时尚风潮的描绘。

这种风潮既令人欣赏,也令人讶异,也许你会产生这样的疑惑:唐代女子难道没有脱发的困扰吗,她们保有如此发量的秘诀是什么?答案就是"义髻",也就是假发。初唐之后,唐代女性对高髻的偏爱和重视程度日益加深,单凭自己原有的头发往往很难达到理想的效果,因此各种各样的髻状假发开始兴起并风靡一时，就连倾国倾城的杨贵妃也是义髻的忠实"粉丝"。

义髻的材质多种多样，既可以用真发，也可以用其他材料替代。制作义髻的真发一部分来自周边国家的进贡，一部分来自那些受了髡（kūn）刑、被剃去头发的罪犯。在"身体发肤，受之父母，不敢毁伤，孝之始也"的规训下，几乎没有民众愿意割舍自己的头发，因此用于制作义髻的真发来源非常有限。

为了满足对义髻的需求，唐人转而用丝绸、麻布，甚至木头等材料制作义髻。新疆吐鲁番阿斯塔纳墓地 184 号墓葬中曾发现一件唐代的义髻，整体呈棕黑色、螺旋状，外部用鬃毛层层缠绕，内部用麻布做成衬里，与真发非常相似。同地区的张雄夫妇合葬墓中还发现一件木制义髻，整体以木为胎，外涂黑漆，并绘有白色忍冬纹，底部留有小孔用以穿簪。吐鲁番在唐代曾属于高昌国统治，唐太宗贞观十四年（公元 640 年）灭高昌国后，将其纳入唐王朝管辖，并改名曰西州。看来，即使远在西域边陲，女性紧跟时尚潮流的步伐也不会停歇，以至于出现"城中好高髻，四方高一尺"的夸张行为。

唐代社会开放、经济发达、文化繁荣，为生活于其中的女性们标新立异、张扬个性创造了良好的氛围。唐代的女性也不负时代所托，将各种别致的簪钗、步摇、小梳等发饰装点于发髻之间。精巧的发饰与高耸的发髻交相辉映，彰显出大唐女性特有的豁达自信、华贵雍容。

暗娇妆靥笑 私语口脂香
——鎏金鸳鸯纹银盒与唐代女性的护肤和彩妆

何家村遗宝里的大唐风华

　　洛阳牡丹中有一个古老品种，名"一捻红"。因绯色花瓣儿上都有深红一点，好像是用手指轻轻捻上去的一抹红彩，故得名。据说，这种牡丹被进献于玄宗御前时，适逢杨贵妃托着一盒口脂正要上妆，见这牡丹花开得正好，不禁伸出手指轻拢慢捻，指尖沾染的口脂便留在了花瓣上。唐玄宗叹于这一点嫣红的风情，下诏宫廷花匠快快将此株牡丹种下。来年牡丹重开之时，娇嫩的花瓣儿上竟自长出了那抹口脂的印记。惊喜之下，唐玄宗赐名此株牡丹为"一捻红"，俗称"杨家红"。

　　这是宋代高承在《事物纪原》中记载的一则奇幻又浪漫的故事，而成就这段故事的正是绝世美人杨贵妃的口脂。如今，贵妃唇间的那抹艳丽早已无踪可觅，但贵妃手掌中那只装有润唇着色的口脂盒，依然有迹可循。

　　何家村遗宝中共有金、银盒二十八件，其中体量较大者多用作存放药材、香料或其他珍贵物品，体量较小者则主要用作盛装化妆用品。其中一件鎏金鸳鸯纹银盒，盒高1.9厘米，直径4.2厘米，重35.9克。盒盖中央錾刻一只昂首振翅的鸳鸯，盒底中央錾刻一朵八瓣团花，鸳鸯和团花周围皆环绕八个忍冬和莲叶组成的花结。盒盖与盒底以子母口扣合，密封性很强，非常适宜用来盛放口脂等脂类化妆品（图二八）。

图二八 鎏金鸳鸯纹银盒

用小盒盛装脂膏类妆品的习惯由来已久。湖南长沙马王堆1号汉墓出土的随葬物品中就发现有残留的口脂盛放在一个小圆盒中。这一习惯在唐代依然沿袭使用。唐代皇帝常在端午、腊日等重大节日对王公大臣进行赏赐。腊日即旧历十二月初八，正是全年天气最冷之时，皮肤的保养尤显重要，因此皇帝会在腊日赏赐臣子面脂、口脂等，这些脂膏物品往往会连同香盒一同赐予。色泽光亮、质地绝佳的"特供"口脂被盛放在精致的金银盒子里，脂膏素白柔软，金银辉丽坚硬，二者相互辉映、相得益彰。

口脂，也称"唇脂"，其功能类似于现代女性常用的润唇膏、口红，却有其独特的时代魅力。在古人的审美意识中，以红点唇一直最受偏爱。辽宁牛梁河红山文化遗址出土的泥塑女神头像，其唇部就饰以红色。湖南长沙陈家大山楚墓出土的古帛画中，画中女性也是唇部涂红。战国时期楚国的宋玉《神女赋》中有"眉联娟以蛾扬兮，朱唇的若其丹"，"丹"即"丹砂"，这里称赞"神女"之唇红润鲜艳宛若丹砂。

早期口脂大多都以丹砂为原料。丹砂又称渥丹、朱砂，为朱红色矿物质颜料，颜色鲜艳纯正，色彩效果强烈鲜明。但是朱砂没有黏性，不易涂抹着色，颜色也不持久，于是人们便在其中掺杂动物油脂、蜜等，既增加其光泽和色彩，又提升其滋润和保湿效果。魏晋南北朝时期，唇脂制作中还会加入丁香、藿香等香料，使女子在轻启朱唇时略带一丝缥缈的芬芳。

唐代的口脂制作更是攀升到了一个高峰。唐代殿中省下辖的尚药局设有数名"合口脂匠"，专为宫廷生产特供口脂。唐代李峤《谢腊日赐腊脂口脂表》云，"因三冬之吉庆，造六宫之脂泽，糅之以辛夷甲煎，燃之以桂火兰苏，气溢象奁，香冲翠幄"，说明这些高级口脂在制作时，往往还要添加辛夷、甲煎等名贵香料，使得其成品在满足实用功能之外，还能"气溢象奁，香冲翠幄"。制作口脂的原料也从原来的动物脂肪升级为蜂蜡，使得脂膏类化妆品色、香、润融为一体。多情而浪漫的文人对此吟咏不辍："朱唇未动，先觉口脂香"（韦庄《江城子》），"暗娇妆面笑，私语口脂香"（白居易《江南喜逢萧九彻因话长安旧游戏赠五十韵》），"花袍白马不归来，浓蛾叠柳香唇醉"（李贺《洛姝珍珠》），这些对口脂充满感情的细腻描写，成为唐诗宋词里一道旖旎的风景。

唐代人还发明了一种管状的口脂，颇似现代口红唇膏之模样。管状口脂制作工艺烦琐复杂，盛装容器也非常讲究。一般是先将象牙雕刻成圆筒形，再将圆筒用绿色浸染，形成"碧镂牙筒"，因筒色翠绿故又称

"翠管"。杜甫诗云"口脂面药随恩泽，翠管银罂下九霄"，一件小小的日常用品，唐人却愿意倾注无尽的巧思，远非现代口红制作所能相比。

唐代合成口脂的配方和工艺也基本适用于其他脂膏类妆品，面脂就是其中之一。面脂类似于我们常用的面霜，主要用于护理和改善皮肤状态。敦煌文献中记载了一种"羊髓面脂"，其用料有羊髓、熊脂、猪脂、酥、白蜡、松仁脂，丁香、麝香、香附子、青木香等十九种材料，不仅气味芳馨，又能亮色美容。唐代的面脂和现代的水乳面霜一样，不同人群可根据自身情况选择具有不同功效的品类，有使皮肤细腻、水润饱满的滋养润燥面脂；有使皮肤鲜白如玉、面色润泽如花的增白面脂；还有使皮肤光润不皱、延年悦色的除皱保养面脂；亦有治疗面色暗沉和黑斑的莹面祛斑面脂等。唐人对护肤品的用心着力，大大超出了我们今人的一般想象。

精致的女性不光对各类妆品的修护功效极为看重，对妆品的施用步骤也是非常讲究。通常先用面脂使皮肤保持良好状态，然后依次进行敷铅粉、抹胭脂、画黛眉、贴花钿、点面靥和描斜红等步骤，最后再用口脂画上与整个妆面相配的唇妆，这就是唐代每个"精致女孩"都掌握的"化妆七步法"。

敷铅粉，即给妆容打底，类似于我们现在的涂粉底。一般是用将铅、锡、铝等矿物质经过多重处理制成色泽洁白、质地细腻的粉末，敷在面部、颈部，甚至胸部等裸露皮肤上，从而增白遮瑕，使肤色均匀。铅粉适合薄涂，不宜厚涂，否则就会失去美感。薛能的《吴姬十首》诗中有"薄施铅粉画青娥"，郑史的《赠妓行云诗》也云"最爱铅华薄薄妆"，描绘了女子薄施铅粉的动人样态。

抹胭脂，类似于打腮红，不过涂抹面积更大一些。古代胭脂多用动物脂肪将白红蓝花的花汁凝成膏状，既易于上色持妆，又能滋润皮肤。在红色胭脂与铅粉白肤的相互映照下，面容被衬得更加白里透红，诗人们为此写下了"芙蓉如面柳如眉"(白居易《长恨歌》)、"芙蓉花腮柳叶眼"(白居易《简简吟》)等许多赞美诗句。用芙蓉花的嫣红娇艳,比喻女子妆成后的明艳照人,可谓恰如其分。

画黛眉,即用颜料来描画眉眼。唐代流行用一种青黑色的颜料——"黛"来画眉,因此眉毛也被称为黛眉、黛娥等。唐代女子画眉常会先将原有眉毛剃掉,然后再描画出各种形状。唐代流行的眉样有蛾眉、远山眉、拂云眉、分梢眉、涵烟眉等数十种,颜色深浅、长短粗细、直平弯折,皆可根据喜好和面妆特色进行变化。

贴花钿,即在眉间贴上各种花形装饰。关于花钿的起源众说纷纭,一种说法是起自南朝的寿阳公主,因有梅花偶然飘落其额上,印出了美丽的花瓣形状,引得宫女们纷纷效仿,争剪梅花贴于面间,俗称"梅花妆"。另一种说法是起自上官婉儿,她为了遮盖额头的伤疤,借用花钿加以掩饰,却更加妩媚动人,从此额头贴花钿便流传开来。花钿的材料多种多样,金箔片、云母片、鱼鳃骨等都可以制作,可以重复使用,卸妆时会收进盒子里,化妆时再取出贴上。白居易诗中有"索镜收花钿",就描写了一位女子对镜摘花钿的场景。

点面靥,即在面颊两侧点搽妆饰出酒窝。"靥"意为面颊上的酒窝,面颊有酒窝的人会有一种甜美可人的娇俏感。虽然酒窝并非人人都有,但聪慧的唐代女性却可以通过化妆来人工打造。她们用胭脂或颜料在两侧嘴角外点出一个小圆点,娇俏的妆容中就平添了几分妩媚。正因如此,有人也将其称作"媚靥"。刘言史《赠陈长史妓》中"宝钿云和玉禁仙,深含媚靥裛朱弦",生动地描绘出这种独特的美感。

描斜红,即在两侧太阳穴的位置斜绘一道红色的纹饰。据说三国时期魏文帝有一个宠爱的宫女名叫夜来,因为不慎撞到水晶屏风导致面部划伤,伤处如同将要散去的朝霞。这种脆弱的病态之美,反而让人生出一种怜惜之感,于是宫中女性竞相仿效,并将其命名为"晓霞妆"。中晚唐时期,这种妆容非常流行,女孩子们用胭脂染绘成伤痕状或月牙儿状，甚至还会晕染成血迹状，打造出一种娇弱的"易碎感"，并希望引起观者的怜爱之情。

涂唇脂，即涂上色彩艳丽的口红。唐代女性唇妆别致多样，但总体倾向于娇小浓艳，像樱桃一样小巧红艳的嘴型最受欢迎。唐代诗人白居易有一家妓名叫樊素，平日就喜欢将嘴唇画成这种式样，致使白居易写下了"樱桃樊素口，杨柳小蛮腰"这一流传千古的诗句。美丽娇俏的女子将上唇线画成"凹"状，下唇线画成倒"凹"状，两唇微闭时恰似一朵绽开的花瓣，这是诗人岑参偏爱的花朵唇，并趁微醺时写下"朱唇一点桃花殿"的佳句。

在历史岁月中，唐代女性们不但追逐时尚，同时也引领时尚。从护肤到时尚彩妆，每一步都细致入微、出神入化，她们不仅装点了自己，也装点了整个时代，在历史长河中留下了浓墨重彩的一笔。

金粟妆成扼臂环 舞腰轻转瑞云间
——镶金玉臂环和金腕钏与唐代女性的佩饰

谢阿蛮是唐开元年间一名舞艺绝佳的舞娘，凭借其擅长的凌波曲，获得了"资深艺术家"——唐玄宗和杨贵妃的赏识。每当天气转凉、寒气来袭之时，玄宗照例会携贵妃等一班人马前往华清宫过冬。对于本身就很喜好歌舞的玄宗皇帝来说，当室外天寒地冻之时，室内的歌舞宴乐就更要安排得丰富多彩了。作为蜚声艺坛的舞伎，阿蛮也时常随行，以便应和帝妃兴致所起时歌舞作乐的需要。

然而，辉煌帝国的崩塌早已埋下伏笔，而沉溺于声色犬马、歌舞作乐中的皇帝却毫无察觉。天宝十四载十一月初九（公元755年12月16日），由安禄山与史思明发动的一场叛乱，使盛世繁华瞬间成为泡影：昔日的万里江山被摧残得千疮百孔，雄姿英发的当朝天子变成了寂寞的太上皇，花颜玉肌的杨贵妃也已长眠于冰冷的泥土之下，缺少了帝王嫔妃游幸的华清宫也萧条冷清。

一日，玄宗复幸华清宫。目睹眼前熟悉的光景，不觉怀念故人，于是差人召阿蛮入宫。空荡荡的大殿内，阿蛮飘然起舞。纤细的舞腰随着曲调轻轻转动，白皙的手臂徐徐伸展，灵巧的指尖翩跹翻转，宽大的袖口缓缓下落,臂上的饰物若隐若现。一曲舞罢,阿蛮从臂上脱下一支金粟装臂环,恭敬地递给座上之人,强抑心头不忍,低声说道:"此贵妃所与。"玄宗接过臂环,凝视良久,不觉凄怨出涕。左右之人见此,也莫不悲泣呜咽。

这是宋代文言小说《杨太真外传》中的一段情节。故事内容我们不知有几分真几分假,谢阿蛮的舞姿我们也无法领略,唯有凭借类似的"臂环",或许可以畅想一下美人们当年的气韵与风姿。

何家村遗宝中就有四支臂环,发现时皆盛装于莲瓣纹提梁银罐中,罐盖内有唐人墨书"玉臂环四"。其中一对镶金玉臂环,由三段弧形白玉组成,玉段两两以鎏金铜片或铜合页包裹相连,其中一处以一整片鎏金铜片将端口包覆,铜片做成的花朵正中嵌着一颗紫色大宝石。另两处两端均包以鎏金铜片,并以铜合页相连;鎏金铜片均为虎头形,虎眼镶嵌料珠,头顶各嵌一颗紫色宝石;两副合页均以轴相连,但一为死扣,一为活扣;活扣者其轴可以抽出或插入,以方便佩戴时的开启与关闭。炫目的黄金与温润的白玉互相衬托,威严的兽首与绽开的花瓣交相辉映,使这对臂环显得愈发富丽华美、熠熠生辉(图二九)。

图二九 镶金玉臂环

臂环作为唐代流行的"时尚单品",不仅环住了美人们的胳臂,也环住了片刻的旖旎,因此在唐代曾风靡一时。臂环往往绾套于胳臂上部,掩盖在轻丝薄纱之下。当其主人娴静自处时,它不显不露,似乎不那么惹人注目;当其主人挥袖曼舞时,它又大放异彩,吸引着众人的眼光。唐代诗人牛峤《女冠子》中云,"额黄侵腻发,臂钏透红纱",娇俏的女子,轻覆一袭红纱,一举一动之间,臂上的环钏若隐若现,顿添了不少妩媚。

敦煌莫高窟壁画诸多的乐舞场面中,舞伎佩戴臂环的画面也非常多见。如在第220窟北壁《东方药师经变》的乐舞图中,画面东侧的两名舞伎各踩一块小圆毯翩翩起舞,两人皆头戴花冠,赤裸上身,臂环清晰可见。若是再仔细看,还能发现其手腕处也佩有饰物,状似我们今日所说的手镯。画面西侧也有两名舞伎,她们头戴杂宝头盔,身着锦甲半臂,在衣物的掩盖下,有无臂环虽难以判断,但其腕上的镯子却是非常显眼。

何家村遗宝中也有三枚金镯子,出土时与九枚金钗一同盛装于一个大银盒中,盒内墨书"钗钏十二枚",可见"钏"就是唐人对它的称呼。金钏弯成"C"状,钏面中间最宽,两端则逐渐变窄,两头搓捻成细丝折回,并用细丝缠绕固定,使用时可自行调节大小。金钏的内径为6.9厘米,豁口间距为3.7厘米,依此推测其应该是戴在手腕处的腕钏(图三〇)。

腕钏也是唐代流行的一种"时尚单品",一般佩戴于胳臂下部的手腕处。佩戴时既可以单只,也可以多只,皆随个人喜好。据传为唐代画家周昉所作的《簪花仕女图》中,那位头簪荷花的仕女,左右手腕上所戴的就是与何家村遗宝同款的腕钏。唐太宗的徐贤妃是一位才貌双全的女子,曾作有一首《赋得北方有佳人》,诗云:"柳叶眉间发,桃花脸上生。腕摇金钏响,步转玉环鸣。"诗中这位柳眉桃面的佳人,腕上所戴

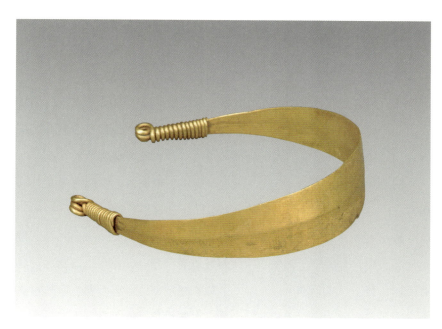

图三〇 金腕钏

的可能就是多只腕钏，随着舞步的轻移，手腕摇晃转动，一只只金钏相互碰击，发出清越的声音。

从目前所见实物资料看，环、钏等佩饰几乎是唐代乐伎舞女的"标配"。也许是环、钏的生命力，让乐舞平添了灵动感；也许是乐舞的灵动感，让环、钏拥有了生命力。环钏与乐舞可谓生机与共、意趣相偕。

唐代乐舞可分为雅舞与杂舞两种，雅舞用于郊庙朝飨，严肃庄重；杂舞用于宴饮娱乐，形式多样。软舞、健舞、字舞、花舞、霓裳舞等，都属于杂舞。其中，软舞（曲）有凉州、绿腰、苏合香、屈柘枝、兰陵王、蕃莺啭之类；健舞（曲）有剑器、胡旋、胡腾、柘枝、拂菻、达摩支之类。胡旋舞与霓裳羽衣舞最为著名，可分别作为健舞与软舞的代表。

胡旋舞早在唐代之前就已经传入内地。据传，北周武帝娶北狄女子为皇后,西域的乐舞也随之被引入中原,于是龟兹、疏勒、安国、康国之乐,就此大聚于长安。其中"康国之乐"即来自西域的康国(今乌兹别克斯坦撒马尔罕一带),所应和的舞姿也多有旋转,因此人们习惯将其称作"胡旋舞"。唐代诗人白居易《胡旋女》诗中云:"胡旋女,胡旋女。心应弦,手应鼓。弦鼓一声双袖举,回雪飘飖转蓬舞。左旋右转不知疲,千匝万周无已时。人间物类无可比,奔车轮缓旋风迟。"

胡旋舞又称"康国乐",表演时需要乐、舞兼备,因此表演者共同组成了一个专业的团队。根据《旧唐书》记载,当时规模大一些的团队一般由七人构成,其中乐师五人、舞伎二人。表演时,五名乐师头戴皂丝布头巾,身着绯丝锦领布袍,服装虽齐整划一,但手上的物品却各有不同,其中三人分别手持正鼓、和鼓和铜钹演奏,另外两人则持笛吹奏。两名舞伎的装扮与乐师截然不同,上穿绯色饰锦大袄,下着绿绫浑裆裤,脚踩高靿赤皮靴,英姿飒爽又娇俏妩媚。和着鼓乐之声,两位舞伎轻移脚步,腰肢慢扭,双袖微举,翩然舞动。随着鼓点的骤然急促,舞伎的脚步却丝毫不显凌乱,在众人急切的注视下急转如飞,身影就如同舞动的臂环一般圜转回环,正所谓"柔软依身著佩带,裴回绕指同环钏"(元稹《胡旋女》)。

霓裳羽衣舞,因唐玄宗和杨贵妃的故事而为人们熟知。传说,某次唐玄宗夜游月宫,见"仙女数百,皆素练霓衣,舞于广庭。问其曲,曰霓裳羽衣",因而默记其音调,归来作《霓裳羽衣曲》。事实上,《霓裳羽衣曲》并非玄宗自创,而是源自《婆罗门曲》。《婆罗门曲》原为天竺乐曲,开元年间河西节度使杨敬述进献于玄宗,至天宝十三载(公元754年),才改为《霓裳羽衣曲》。估计作为乐舞"发烧友"的玄宗皇帝,应该在曲调的改制上发挥过重要作用。然而,就在第二年,"渔阳鼙鼓动地来,惊破霓裳羽衣曲",还没有充分享受这唐代歌舞集大成之作的荡气回肠,"安史之乱"的爆发就使得玄宗和贵妃这对神仙眷侣乐舞相伴、琴瑟和鸣的美好生活戛然而止了。

尽管之后盛世红颜不得已魂断马嵬坡下，但霓裳羽衣舞却依然在世间轮转。白居易也是一位狂热的霓裳羽衣舞爱好者，与好友元稹的通信中也坦言，"千歌百舞不可数，就中最爱霓裳舞"。白居易在陪侍唐宪宗时，曾得以一睹霓裳羽衣舞之风采，竟从此再也无法忘怀，以至多年之后挥笔写下《霓裳羽衣歌》，"虹裳霞帔步摇冠，钿璎累累佩珊珊"，眼前的舞者容颜如玉，身上的衣裳也殊于流俗，望之如同月中仙子一般。金石丝竹次第发声，散序六奏遍过，中序拍子乍起，舞者衣角初动，"飘然转旋回雪轻，嫣然纵送游龙惊。小垂手后柳无力，斜曳裾时云欲生。烟蛾敛略不胜态，风袖低昂如有情"。最后，舞影息、乐音止，随着舞伎退去的脚步，只留下阵阵金钏互相击碰的声音在空中飘荡、消散……

顺俗唯团转 居中莫动摇
——葡萄花鸟纹银香囊与唐人的芬芳生活

何家村遗宝里的大唐风华

天宝十四载（公元755年），安史之乱爆发，唐玄宗仓皇西逃。一行人马行至今天陕西兴平的马嵬驿时，随行将士发生哗变，杀死杨国忠，并要求处死杨贵妃。形势所迫，玄宗只得屈从。然而，这件事却成为玄宗心痛不已的心结。因此待他重返长安后，便着手为杨贵妃迁葬以抚愧疚之情。可当委派的亲信打开杨贵妃的旧冢时，才发现贵妃的肌肤已然朽坏，唯有一枚当时随身佩带的香囊还留存于泥土之中。

见到呈送回来的香囊，玄宗睹物思人，心中更觉凄凉，泪水也不禁潸然而下。这件史实不仅在《新唐书》《旧唐书》中有记载，也见于晚唐诗人郑嵎的《津阳门诗》中："宫中亲呼高骠骑，潜令改葬杨真妃。花肤雪艳不复见，空有香囊和泪滋。"香囊成了这位天姿国色留给世人的唯一遗物，也成了留给世人的一个谜团。

为什么肌肤已腐朽，香囊却完好？什么样的香囊能比肌骨还要坚韧？陪伴杨贵妃的香囊形貌如何，我们今天已经无从得见，但是历史遗留的诸多信息与物件，却可以指引我们觅寻到一些线索。

何家村遗宝中有一枚银质镂空"薰球",设计十分巧妙。外部由两个镂空花鸟纹半球组成,内部装有双层同心圆机环和金质香盂。无论"薰球"如何转动,香盂始终都能保持水平状态,从而保证了其中的香品和香灰不会倾撒、外逸。其顶部还设有环链和挂钩,便于穿系悬挂于他物之上(图三一)。中国古代薰香器种类不少,但如此兼具科学性、艺术性和实用性的香具却比较罕见。以今人对其功用的理解,自发现之日,这件薰香用具就以"薰球"的命名而被学界和公众熟知。

图三一 葡萄花鸟纹银香囊

十多年之后，直到法门寺地宫被打开，这件"薰球"才获得正名。1987年，陕西省扶风县法门寺唐代地宫中发现了两件与何家村窖藏"薰球"形制相似的器物，经对照地宫内记载各种物品来源和名字的《物账碑》，找到了"香囊两枚，重十五两三分"的珍贵信息。学者们这才恍然大悟，原来这种金属质地的球形香具在唐代被称作"香囊"，原来过去惯常以为香囊是用织物或皮革制成的认知并不是完全正确的。因此，北京大学齐东方教授指出，杨贵妃之所以"肌肤已坏，而香囊仍在"，原因就在于其香囊是金属质地的；而其形貌或许就与法门寺地宫、何家村窖藏出土的香囊同款。至此，不仅何家村窖藏中的这枚"薰球"被重新定名为"香囊"，并结合其主要纹饰和材质，被正式命名为"葡萄花鸟纹银香囊"；而且，历史文献中所记载的杨贵妃的唯一遗物——香囊，也变得鲜活了起来。

从史书记载来看，这种金属质地的香囊至迟在西汉末期就已经出现。《西京杂记》记载："长安巧匠丁缓者……作卧褥香炉，一名被中香炉。本出房风，其法后绝，至缓始更为之。为机环转运四周，而炉体常平，可置之被褥，故以为名。"可见最初发明这种金属质地的香囊，主要用于被褥之中，其目的是给寝具增香。由于使用了陀螺仪原理，即使香炉在被褥中随意滚动，香盂也能始终保持平衡状态，不用担心其中燃烧的香料撒出来。由于这种卧褥香炉工艺的复杂与使用的隐秘，因此曾经失传过，后又被长安的能工巧匠丁缓研制出来。唐代僧人慧琳撰写的《一切经音义》，对香囊的形制、材质、工艺原理、主要使用人群等，做了更为详细的描述，文中记述："香囊者，烧香器物也。以铜、铁、金、银玲珑圆作，内有香囊，机关巧智，虽外纵横圆转，而内常平，能使不倾。妃后贵人之所用之也。"可见这种球状的香囊，用金、银、铜、铁等材料皆可为之。或许由于其工艺实现颇有难度，需精工巧制，费时耗力，因此多为贵族女性所用。这种使用了平衡装置的香囊与何家村窖藏出土的"葡萄花鸟纹银香囊",可谓如出一辙。

在家居日常生活之中,被褥、帷帐等经过香料薰染,变得清香馥郁,既能安神助眠,又能增添雅趣。香囊因其轻便好用,从而成为贵族女性闺房的必备之物。金属质地的香囊最常见的应用场景是悬系在帷幔之上。西汉司马相如《美人赋》中有"于是寝具既陈,服玩珍奇,金鉔薰香,黼帐低垂,裀褥重陈,角枕横施"的描述,其中的"金鉔",应该就是金属质地的香囊。如果说此时的香囊是挂于帷幔之上还是用于被褥之中,根据文献尚且不好判断的话,东汉末年香囊挂于帷幔之上使用的记载就已经非常明确了。形成于东汉末年的乐府诗《孔雀东南飞》中就有"红罗复斗帐,四角垂香囊"的诗句,描述了刘兰芝在被婆家休弃回娘家时,将她与焦仲卿爱情见证的、四角挂着香囊的红罗纱双层斗帐,留与焦仲卿以作纪念。唐代关于香囊挂于帷幔之上的文字记载就更多了,如善于"宫词"的唐代诗人王建在其《秋夜曲》中写道:"香囊火死香气少,向帏合眼何时晓。"描述了一位女子看着帷幔上香囊中的火光渐渐熄灭,悠悠的香气也渐渐散去,想着远在边关的丈夫,虽然闭上了双眼,但离情萦怀依然难以入眠,心里苦恼着这漫漫长夜何时才能破晓天亮的孤单寂寥。

像葡萄花鸟纹银香囊这般华贵的香具毕竟不多见,唐代日常生活中最常见的香囊仍然是我们最熟悉的用织物制成的香囊。唐代陆龟蒙《邺宫词》中有"可知遗令非前事,却有余薰在绣囊",这种"绣囊",也被称作"容臭(xiù)"。《礼记·内则》云:"男女未冠笄者,鸡初鸣,咸盥漱,拂髦总角,衿缨皆佩容臭。"意思是,尚未成年的少年少女在拜见长辈时,不仅需要提前清洁、整理好仪容,还要在衣裳上佩系容臭。绣囊一般用纱罗锦缎等织物制成,讲究的还会绣上流行纹样,内里填充各类香料,不用借助火焰燃烧,就能自然散发香气,比金属香囊更方便使用。《太平广记》记载,唐懿宗女儿同昌公主曾乘坐七宝步辇出行,辇的四角缀着五色锦香囊，步辇行过之处，尘土皆香。

与金属香囊相比，绣囊的历史更为久远。早在先秦时期，上至士大夫，下至普通百姓，都有随身佩戴香囊的习惯。屈原《离骚》中就有"纷吾既有此内美兮，又重之以修能。扈江离与辟芷兮，纫秋兰以为佩"之句。诗中提及的江离、芷、兰等，或出于草，或出于木，都是天然芳香植物。将这些植物装于囊中，佩戴在身上，不仅可以祛秽增馥，又可以美化穿搭，还可以滋养心性，可谓"一举三得"。马王堆一号汉墓出土的竹简中，四枚之上都记有"熏囊"，如竹简二六九上有"白绡信期绣熏囊一素缘"。这种带有刺绣的香囊就是我们最为熟悉的香囊样态，也是历史上流传最久、使用最广的一类香囊。1934 年，今新疆维吾尔自治区罗布泊楼兰遗址出土了一只汉代彩绣云纹香囊。香囊通长约 7.5 厘米，其上用红、黄、绿色丝线，绣出花朵纹及变形云纹，针脚整齐密集，刺绣技艺精湛绝伦。

古人喜欢以物寄情，香囊是其中当仁不让的重要角色。无论是金银铜铁镂刻成的硬质香囊，还是纱罗锦缎缝制成的软质香囊，数千年来一直承载着中国古代女性的深情许诺和铮铮誓言。魏晋时期繁钦的《定情诗》中有"我既媚君姿，君亦悦我颜。何以致拳拳？绾臂双金环。何以道殷勤？约指一双银。何以致区区？耳中双明珠。何以致叩叩？香囊系肘后"这样的词句，描述了一位热恋中的女子对情郎热烈的表白：你的风姿让我心生爱慕，我的容颜也让你心生欢喜。臂上双金环是我对你的眷恋，手上银戒指是我对你的殷勤，耳上双垂珠是我对你的真心，肘上小香囊是我对你的挚诚……系挂于女子臂肘下的锦香囊，连同其的装饰配饰一起，成为女子表达拳拳爱慕之心、显示"为悦己者容"的重要物件。多情的唐代诗人元稹专门赋诗《香球》一首："顺俗唯团转，居中莫动摇。爱君心不侧，犹讶火长烧。"表达了一名女子借香囊抒怀言志：无论香囊怎么旋转，居于其中的香盂却始终稳定，恰如我对你的爱意从未动摇；不管环境如何改变，我对你的真情永远不会改变，就像焚烧的香片在长燃。唐末五代孙光宪的《遐方怨》中也有"红绶带，锦香囊，为表花前意，殷勤赠玉郎"，说的是心灵手巧的妙龄少女，用一双素手缝制出精致的香袋，将各式香料填入其中，赠与心爱的情郎，以表达思慕之情。

香是富有诗意的，静则香雾霭霭，动则芬馥满路。因为香的气味考究而不雕琢，所以衣物被褥、暖阁帷帐要用它；因为香的氤氲沉静而不浮华，所以静处读书、宴会娱乐也用它。薰香已经融入了古人的生活中。特别是在唐代，香的广泛使用不仅丰富了唐人的物质生活，提高了生活品质，同时作为文化载体，也为人们带去了许多精神上的享受。人们在用香、品香中，不知不觉将高雅、细腻的审美情趣倾注其中，为香料赋予了更多的内涵和意象，也为生活增添了更多的情趣和雅致。

身被春光引 经时更不归
——鎏金仕女狩猎纹八瓣银杯与唐代女性的出游

天宝十二载，三月三日。时值暮春，气淑风和。

长安城南，曲江池畔，杨柳依依，满眼新绿，正是踏春好时节。

年轻而充满活力的女子三五成群，在池畔嬉戏打闹，游乐宴饮，欢声笑语，不绝于耳。

抬眼望去，丽人们一个个肌肤丰润，体态匀称，神情快乐，自信悠然。

一阵轻风温柔吹过，肩臂的披帛随风飞舞，腰间的挂饰清响叮当，头上的翡翠花饰恍然若鲜花绽放，旖旎的春光被映衬得更加缤纷多彩。

在不远处风光最秀美的地方，声势浩大的车队、马队将这些喧嚣隔离。在华丽的帷幔中，两位姿色娇艳的女子体态慵懒，半躺于织锦缝就的茵褥上，欣赏着笙箫鼓乐的缠绵宛转，享受着宾客随从的服侍环拥。这两位女子正是玄宗宠妃杨贵妃的三姐虢国夫人和八姐秦国夫人。

这是唐代伟大的现实主义诗人杜甫在《丽人行》中描绘的唐代长安贵族妇女春游的盛大场景。"三月三日天气新，长安水边多丽人。态浓意远淑且真，肌理细腻骨肉匀。绣罗衣裳照暮春，蹙金孔雀银麒麟。"

诗人用细腻生动的笔调描绘出游春女性的体貌之美与服饰之盛，引出杨氏姐妹的娇艳姿色；用富丽华美的语言描摹出长安贵族妇女游春场面之大和气势之盛，凸显出杨氏姐妹的骄矜豪奢。

类似唐代贵族妇女出游的名场面还见于唐代著名仕女画家张萱的《虢国夫人游春图》，只是这次陪伴虢国夫人游春的是其大姐韩国夫人。画面中一群骑马执鞭、徐徐前行的游人，正行进在斑斑草色之间，居中的是鲜衣怒马的虢国夫人，她的左面与其并辔前行的就是韩国夫人。疏密有致的构图，空蒙清新的意境，典雅富丽的设色，舒缓、闲适、从容的人与马，生动勾勒了当时杨氏一家势倾天下的豪奢生活。

"身被春光引，经时更不归。"春游是唐代士人女子最喜欢的活动之一。不过在郊野，一定的私密性还是要有的。"遇名花则设席籍草，以红裙递相插挂，以为宴幄。"选定一处风光上佳之地，在草地上铺上软席，四周依次悬挂上红裙用以遮挡，形成一片私人领域，然后在其中享受春天的暖阳和芬芳。虽然不能像虢国夫人和秦国夫人那样搭起华丽的帷帐，但挂起红裙作为"宴幄"，也不失为一个既简便又经济的选择。

若在自家园圃中踏青赏春，则是另一番景象。何家村遗宝中的鎏金仕女狩猎纹八瓣银杯上，有四幅唐代仕女在庭院中游春的画。虽然不似《丽人行》和《虢国夫人游春图》那样场面盛大，但也意趣盎然，别有情调。

银杯口沿为八曲状，俯视犹如一朵盛开的葵花。外壁腹部以柳叶条作界分为八瓣，其内錾刻的四幅男子狩猎图和四幅仕女游乐图相间排列。四幅仕女游乐图的第一幅场景是：两位气质高雅的女子一前一后正在花园中漫步游赏，一名男装侍女步步跟随。后面的女子停下脚步，正在整理肩上的披帛。前面的女子则完全沉浸在如画的风景中，浑然不觉同伴已停下了脚步。第二幅场景是：一名小童手捧一朵小花在花草丛中玩耍，身旁的蝴蝶也随之起舞翻飞。一位体态丰腴的女子坐于一旁的凳子上,正满脸笑意地注视着孩童和眼前的风景。女子身后一侍女,肃然静立,目光似乎也被活泼可爱的孩童吸引过去。第三幅场景是:一位女子怀抱琵琶,扭身回头正跟另一手执团扇的女子交谈,琵琶已收入囊中,那垂落下来的囊结,似乎在告诉我们一场精彩的演奏刚刚结束。手执团扇的女子,右手抬起,似乎在夸赞前面女子演技的高妙。后面一名正欲离开的侍女驻足回眸,似乎在看主人是否又有吩咐。第四幅场景是:两位女子相对而坐,一人怀抱四弦曲项琵琶,手执拨子正在弹奏。另一人双手持笙,应声相和。两位"乐友"自得其乐,周围的花草则是她们的最佳听众。四幅屏风似的画面,为我们展现了唐代女性在户外休闲的多种场面,她们或赏花观草,或携子玩乐,或以乐会友,富足安康,怡然自得(图三二)。

图三二 鎏金仕女狩猎纹八瓣银杯

《丽人行》和《虢国夫人游春图》显然反映的都是唐代天宝年间的场景，银杯上的游春图虽然不能肯定其确切纪年，但从银杯的造型、工艺及侍女的服饰看，其时代也应与前两者所反映的时代大致相当，都属于盛唐时期。这一时期，唐代社会繁荣富足，思想开放包容，观念积极进取，与初唐、中晚唐的社会风貌不尽相同。

初唐时期，女性外出限制还比较多。《旧唐书·舆服志》记载："武德、贞观之时，宫人骑马者，依齐、隋旧制，多著幂䍦。虽发自戎夷，而全身障蔽，不欲途路窥之。王公之家，亦同此制。""幂（mì）䍦（lí）"又作冪䍦、幂篱。幂，意为覆盖器物的布巾；䍦，意为编织而成的蔽障物。"幂䍦"就是覆盖下垂，用以遮蔽的一种物件。唐代初年女子的"幂䍦"，戴时从头顶罩下，短者覆盖肩颈，长者遮蔽全身，只露出眼睛和口鼻部分。虽然骑马时可以遮蔽风沙，但是既不利于展示美丽容貌，也不利于自由舒展身体。

唐高宗在位时期，陈旧的"幂䍦"逐渐被抛弃，轻巧的"帷帽"日益兴起。史籍记载："永徽之后，皆用帷帽，拖裙到颈，渐为浅露。"帷帽是一种带有帽裙的笠帽，帽檐上垂挂的一圈丝织或纱物，好似连绵的帷帐一般，故而被称作"帷帽"。新疆吐鲁番阿斯塔纳187号墓中出土了两件唐代戴帷帽骑马女俑，垂挂的帽裙呈网纱状，姣好的面容在纱网之中若隐若现，帽裙长度延及颈部，露出光洁的脖颈，青春洋溢的气息扑面而来。

半遮半掩的帷帽虽然广受女性喜爱，却因不合礼法被官方斥为"过为轻率，深失礼容"，因此唐高宗曾多次下敕禁断，但"初虽暂息，旋又仍旧"，武则天登上帝位后，更是"帷帽大行，幂䍦渐息。中宗即位，宫禁宽弛，公私妇人，无复幂䍦之制"。习惯了轻便、透气、美观的帷帽，谁会愿意重新戴起烦琐、闷热、古板的幂䍦呢？

开元时期，久处于胡风浸润下的女性们，时尚潮流进一步革新，帷帽逐渐被胡帽取代。《旧唐书·舆服志》记载："开元初，从驾宫人骑马者,皆著胡帽,靓妆露面,无复障蔽。士庶之家,又相仿效,帷帽之制,绝不行用。"胡帽比之帷帽,最大的革新就是去掉了遮面的帽裙,使得女子的面容可以完全展现,而且胡帽样式、材质都非常丰富,因此仕女们很快就被"种草"了。

唐代女性对审美和舒适的追求,一旦开始就难以止息。不久之后,女孩子们就连胡帽也不想戴了,毕竟精心梳成的发髻、细心装点的发饰若被胡帽掩盖住了,岂不可惜!脱去胡帽的限制,毫无阻碍地"露髻驰骋",呼吸清新的空气,欣赏变换的风景,岂不快哉!更前卫的女子,还会着胡服、着男装,从而于俏丽之中又平添了几分潇洒。开元天宝年间这种"胡音胡骑与胡妆,五十年来竞纷泊"的社会氛围,冲击了男女异服的传统礼法,也在一定程度上模糊了尊卑、内外的界限。这些变化在唐代不仅为女性赢得了难得的宽松和自由,也为社会发展带来了许多新鲜的文化元素。

唐代贵族女性出游除骑马外,乘车应该是更为普遍的选择,因此遮蔽性好、平稳舒适的"犊车"或"檐子"就成为最常见的出行工具。《册府元龟》中记载:唐代命妇出行,一品二品乘"金铜饰檐子",三品乘"金铜饰犊车"或"金铜饰檐子",四品五品乘"白铜饰犊车"或"白铜饰檐子",六品以下则乘奚车或普通檐子。胥吏及商贾妻子则不准乘奚车和檐子。由此可见,这种装饰精美的犊车和檐子,只有高级官员的家眷才能乘坐,属于少数人享有的特权。

犊车,即牛车。其车盖常为隆起的圆拱形,车两侧开有小窗户,车后侧有门并挂有帘子,以供乘车人上下出入,整体较为严密,不易为他人窥视。史籍记载,杨氏姐妹专用的牛车,不但以金银镶边,还以珠玉宝石点缀,装饰之华美堪称"豪车"。陕西省礼泉县出土的唐代李震墓壁画《牛车出行图》,是贵族女性乘牛车出行场面的真实写照。

潮流总是变换难测,到唐代中后期,檐子又跃居女性最喜爱的出行方式榜首。唐文宗太和年间，臣子给皇帝的奏疏中就提到，"妇人本来乘车，近来率用檐子，事已成俗，教在因人"。檐子，或称肩舆，形制类似于后世常见的轿子，但又有所不同。唐代前期的檐子，似在步辇基础上，加装支撑的竖杆和顶盖，顶盖周围装饰流苏或珠帘等，看起来就像一座亭子。中唐以后，人们在檐子四面又加上帷幔、薄纱制成的帷幔，舆中女子影影绰绰，让外人看不真切。晚唐时期，甚至出现了有门、有窗的形制，檐子也变成完全区隔内外的私密空间。

唐代对女性的规训比之宋明时期虽然略微宽松，但是"男女之防"的社会规范依然存在。无论是踏春游赏时的彩裙围挡，还是骑马驰骋时的幂䍠遮面，抑或是檐子出行时的日益严密，无一不显示出高筑的礼教壁垒，但幂䍠、帷帽、胡帽以至露髻的变迁，也透射出唐代女性为自由抗争的一丝春光。

红茸糁绣好毛衣 清泠讴哑好言语
——鎏金鹦鹉纹提梁银罐与唐代的宠物饲养

何家村遗宝里的大唐风华

庄严宏伟的皇宫大殿里，传来一阵清脆悦耳的声音。朝声音寻去，只见一抹翠色在众人间移动闪烁，原来是宫人们在与一只娇俏的鹦鹉嬉戏。鹦鹉惟妙惟肖地学说着帝王的圣言，轻巧的羽翅若有若无地拂过美人的身边，在引起一阵阵欢声笑语的同时，也搅动着一缕缕香气随风氤氲。大家缓步趋前，想把它收进珠网，而聪慧的小鹦鹉则快速挥动羽翅直冲房梁。与大殿华丽藻井和雕梁画栋融为一体的鹦鹉，从高处狡黠地看着众人，兀自哂然。

这是晚唐诗人裴说在《咏鹦鹉》中描绘的一幅生动的"鹦鹉美人嬉戏图"："常贵西山鸟，衔恩在玉堂。语传明主意，翅拂美人香。缓步寻珠网，高飞上画梁……"作者借物言志，在诗的最后两句写到，"长安频道乐，何日从君王"，表达了希望像鹦鹉一样能沐浴皇恩、被君王赏识的殷殷心愿。

鹦鹉以其生动活泼、聪慧能言，至迟在汉代已开始被人工饲养。将鹦鹉作为艺术形象，虽然唐代之前已非稀见，但其象征意义却不太明

132

确。唐代，鹦鹉纹样的使用愈加常见，金银器、漆木器、铜镜、织物及瓷器上都有表现，说明在唐代鹦鹉已经得到了整个社会的接纳。

何家村遗宝中的鎏金鹦鹉纹提梁银罐上就"停留"着这么两只可爱的鹦鹉。银罐造型饱满、装饰华丽，罐腹部装饰着以折枝花和鹦鹉、鸳鸯构成的四幅圆形图案。其中，罐腹两个侧面以鸳鸯为中心、四周饰以折枝花，两个正面则以鹦鹉为中心、四周饰以折枝花。鹦鹉勾喙抬首、振翼翘尾，周围花枝叶阔花大、肥厚丰茂，精美的纹饰及其占据的显眼位置，使得鹦鹉纹成为此银罐当仁不让的主题纹样（图三三）。

图三三 鎏金鹦鹉纹提梁银罐

鹦鹉纹能在唐代获得如此显赫的地位，跟唐代帝王贵族的极力推崇关系颇大。

武则天可谓是唐代历史乃至中国历史上，一个前无古人、后无来者的传奇女性。为了登上皇帝宝座，武则天刻意构建了自己和鹦鹉之间的玄妙关系。在她"代唐立周"之际，曾利用《大云经疏》广造政治舆论，通过修改一些经文释义，植入了对其日后称帝极为重要的信息。由于"武"与"鹉"音相同，《大云经疏》中就有了"鹦鹉者，应圣氏也""鹦鹉者，属神皇之姓也"之语，以宣传武则天的"神性"。此外，《大云经疏》中还记录了与鹦鹉相关的谶语，其中有："陇头一丛李，枝叶欲凋疏，风吹几欲倒，赖逢鹦鹉扶。"谶语中的"陇头一丛李"代指发迹于陇西集团的李唐皇朝，"枝叶欲凋疏，风吹几欲倒"暗指李唐王朝的统治正岌岌可危，而"赖逢鹦鹉扶"则意指武则天称帝的及时性与合理性。不仅鹦鹉之"鹉"与武则天之"武"相对应，又可谐音作"英武"，有英明神武之意，完美解释了武则天改朝换代正是天命所归。

《朝野佥载》中还有这样的记载：武则天称帝之后，一度为立皇储之事迟疑不定，不知该立武姓子侄还是李唐宗室子弟。某天武则天梦到一只大鹦鹉的双翅俱折，不知是何寓意，便询问狄仁杰。狄仁杰为其解梦说："武者，陛下之姓；两翼，二子也。陛下起二子，则两翼振矣。"意思是说，鹦鹉代表武后，两翼代表两位皇子李显、李旦。若能恢复两位皇子的地位，则两翼重振，天下太平。从此之后，武则天就放弃了立武三思为皇储的想法，"鹦鹉折翼"之梦也成了武则天还江山于李氏的缘起。由此可见，鹦鹉形象在武则天的政治生活中发挥了重要作用。

武则天与鹦鹉的羁绊虽然鲜为人们谈及，但杨贵妃与鹦鹉的故事却是广为流传。唐代郑处诲《明皇杂录》记载：开元年间，岭南地区献上一只白色鹦鹉，性情温顺，非常惹人喜爱，唐玄宗和杨贵妃因此唤它"雪衣娘"。雪衣娘聪慧通达，诗词歌赋只需教上几遍，即可出口成诵。雪衣娘还很会"捣乱"：每当玄宗皇帝与妃嫔、诸王子下棋，显露败势时，在杨贵妃的示意下，雪衣娘就扑腾着翅膀将棋局扰乱，从而在关键时刻避免了皇帝输棋的尴尬。如此善解人意的雪衣娘愈发获得帝妃的喜爱，她总是将其带在身边，形影不离。不幸的是，雪衣娘在一次随从帝妃行猎中为猎鹰所伤而亡，唐玄宗与杨贵妃为此痛惜良久，为了怀念雪衣娘，特在毗邻皇宫的御苑中为其立塚，并称之为鹦鹉塚。这动人的事迹也为唐代雅士们提供了鲜活的创作素材——知名画师张萱创作了《杨太真教鹦鹉图》，稍后的周昉也创作了《妃子教鹦鹉图》和《白鹦鹉戏双陆图》，用精湛的画技为世人再现了杨贵妃与鹦鹉之间充满意趣的传奇故事。

精识辨惠、充满灵性、颜色斑斓的鹦鹉犹如珍宝，为身处深宫和深闺的仕女们寂寞冷清的生活带来了许多盎然生趣，因此对于她们来说，鹦鹉更有一种无法言说的吸引力。王涯《宫词》中有"教来鹦鹉语初成，久闭金笼惯认名"之句，说的是俏丽活泼的鹦鹉不但装点了空旷的宫殿，也使宫女们的日常生活多了一些欢乐与生机。白居易《邻女》诗中有"娉婷十五胜天仙，白日姮娥旱地莲。何处闲教鹦鹉语，碧纱窗下绣床前"之句，描述了一位娇俏的少女，一个巧丽的鹦鹉，她一言，它一语，时间就在这教与学的玩耍中缓缓流过的动人场景。崔珏《美人尝茶行》诗中有"云鬟枕落困春泥，玉郎为碾瑟瑟尘。闲教鹦鹉啄窗响，和娇扶起浓睡人"之句，向我们展示了一个俏皮的鹦鹉不允许小主人独自沉睡，用尖喙一下一下敲击着窗户，将熟睡中的美人故意惊醒的有趣画面。

鹦鹉作为鸟类中天赋异禀的"表演艺术家"，大自然不仅赋予它们一身色彩鲜艳的羽衣，而且赋予它们一条巧如簧片的喉舌。这与生俱来的"高级配色"和得天独厚的"模仿技艺"，使得无数文人也为之倾心。东汉末年名士祢衡面对鹦鹉，在一座江心岛上挥笔立就、文不加点，写成了最早吟咏鹦鹉的名篇《鹦鹉赋》。后来，祢衡因恃才傲物、言行不谨被江夏太守黄祖所杀,葬身于这座江心之岛,故而有了"鹦鹉洲"之名。后世文人每每路过此地,往往会驻足凭吊,世人所熟知的唐代诗人崔颢的那首千古绝唱《黄鹤楼》也正是写于此地:"昔人已乘黄鹤去,此地空余黄鹤楼。黄鹤一去不复返,白云千载空悠悠。晴川历历汉阳树,芳草萋萋鹦鹉洲。日暮乡关何处是?烟波江上使人愁。"据说李白后来经过此地,触景生情,诗兴大发,奈何崔颢之诗已题榜在前,只能来首"打油诗"抒发一下自己的郁闷:"一拳捶碎黄鹤楼,一脚踢翻鹦鹉洲,眼前有景道不得,崔颢题诗在上头。"超越《黄鹤楼》竟成为李白的一丝执念,后来在登金陵凤凰台时,还模仿崔颢的《黄鹤楼》写下了《登金陵凤凰台》:"凤凰台上凤凰游,凤去台空江自流。吴宫花草埋幽径,晋代衣冠成古丘。三山半落青天外,二水中分白鹭洲。总为浮云能蔽日,长安不见使人愁。"这段因鹦鹉缘起而成就的文坛佳话,至今读来依然妙趣横生。

白居易也对鹦鹉极为宠爱,除在自家亲自喂养外,还用诗人的眼光和笔墨作了记录:"绿衣整顿双栖起,红嘴分明对语时。始觉琵琶弦莽卤,方知吉了舌参差。……若称白家鹦鹉鸟,笼中兼合解吟诗。"(白居易《双鹦鹉》)白家的一双鹦鹉鸟,绿衣红嘴,双栖对语,美妙的嗓音,与可弹奏的琵琶、能言语的吉了鸟相比仍有过之,在主人的感染浸润下,甚至学会了吟诵诗句。

在唐代,鹦鹉不仅是可供赏乐的珍禽,也是备受推崇的佛教灵鸟之一。它既被看作佛祖释迦牟尼在过去的化身,也被当作西方净土悦音美好的吉祥鸟,被赋予了善良仁义的高尚品质,并衍生出诸如"鹦鹉火化得舍利""鹦鹉子供养盲父母"等因缘故事。

在佛教文化的巨大影响下,鹦鹉逐渐被时人赋予了祥瑞之意。《册府元龟·符瑞》记载:唐玄宗时宫中驯养了一只鹦鹉,五彩斑斓、聪慧能言,开元十四年(公元726年)冬天,玄宗一行去温泉避寒,命令左右侍从试牵御衣，引发鹦鹉的怒目斥责。大臣张说借机说，这只鹦鹉"丹首红臆，朱冠绿翼"，又"心聪性辨，护主报恩"，与时乐鸟的样貌和品性非常相像，显然不是一般凡品。据说"时乐鸟"引吭长鸣则昭示着天下太平，只在天下有道时才会出现，这只鹦鹉的出现正如"时乐鸟"一样，是彰显开元盛世的神圣祥瑞。

"红茸糁绣好毛衣，清泠讴哑好言语。"鹦鹉以其光耀之羽色、超众之逸姿、清丽之音声、机敏之言语，装点了美人的闺情，装点了文人的诗篇，也装点了大唐的气象。

何如相见长相对 肯羡人间多所思

——线刻鸳鸯纹银盒、双雁纹银盒与唐代女性的婚姻爱情

农历五月,盛夏时节的骄阳不知疲倦地炙烤着大地,长安城就像被烧透了的砖窑一样闷热,让身处其中的百姓无处躲身。然而,作为大唐帝国的掌权者,却自有佳地避暑纳凉。

长安城东,兴庆宫中,唐玄宗带领众嫔妃正在兴庆池畔游玩。宫嫔们在水榭中凭栏远眺。忽然之间,两只在碧池中追逐嬉戏的䴔䴖(xī chì)闯入了大家的眼帘,它们"欲起摇荷盖,闲飞溅水珠"的情景真是赏心悦目,惹得众人争相观看,一时之间莺歌燕语、欢笑不断。

池畔的绡帐内,唐玄宗拥搂着杨贵妃,忍不住秀起恩爱:"尔等爱水中䴔䴖,争如我被底鸳鸯!"玄宗将自己与贵妃比作鸳鸯,恩爱之情溢于言表。

鸳鸯在动物学分类上属于雁形目鸭科,鸳指雄鸟,鸯指雌鸟,雌雄鸳鸯止则相偶,飞则成双,自古及今,一直是文人墨客青睐的抒情对象。鸳鸯在汉魏时期常被当作朋友、兄弟或贤者的象征,只在极少数场合被当作男女恩爱的象征。在佛教文化的影响之下,"死化鸳

鸯"的故事在南北朝时开始出现，鸳鸯开始具有了恩爱夫妻生死不离的意蕴。在这种思想的影响下，定型于南朝时期的乐府诗《孔雀东南飞》中就有了焦仲卿与刘兰芝双双赴死殉情后，其合葬之地出现双飞鸳鸯，常常交颈悲鸣，过往行人为其声感动不已的描述。作为一部对古代和当时各类事物进行解说诠释的著作，西晋崔豹著述的《古今注》中也有这样的解说："（鸳鸯）雌雄未尝相离，人得其一，则其一思而死，故谓之匹鸟也。"隋唐时期，鸳鸯作为恩爱夫妻的象征更加深入人心，成为器物上常见的图像题材，寄托着人们对美好爱情生活的向往。

何家村遗宝中的线刻鸳鸯纹银盒，盒盖表面就有一幅未完工的鸳鸯图：一对鸳鸯相向而立，各踩于一支饱满的莲蓬之上，口中似衔一物，推测应为尚未刻成的菱形绶带；鸳鸯上、下方各有一组三出莲花，一花二叶，呈半抱合状（图三四）。整幅画面生动再现了唐人韦庄的诗句"菱花绶带鸳鸯簇"，也证明了这类图案题材在唐代社会的流行。

图三四 线刻鸳鸯纹银盒及盒盖纹饰线图

禽鸟虽小，却不忘其伴偶；情义相系，决然不顾生死。鸳鸯的这种"一生一世一双人"的"品性"成为文人墨客们吟咏抒情的对象。初唐诗人卢照邻在其代表作《长安古意》中写下"得成比目何辞死，愿作鸳鸯不羡仙"的动人诗句，盛唐诗人李白在《白纻辞》中留下了"愿作天池双鸳鸯，一朝飞去青云上"的浪漫梦想；晚唐诗人杜牧在《鸳鸯》一诗中感慨"凫鸥皆尔类，唯羡独含情"，表达了对坚贞不渝的爱情的艳羡和向往。

美满的婚姻是爱情幸福的归宿，"有情人终成眷属"的美好愿望亘古不变。如果说鸳鸯是爱情的象征，那么大雁就是婚姻的象征。何家村遗宝中的另一件文物——鎏金双雁纹银盒，盒面图案与前述线刻鸳鸯纹银盒的布局基本相同，主要的不同点就是将鸳鸯换成了双雁：盒面中央錾刻一朵盛开的莲花，两只振翅鸿雁相向踏立其上，同衔一支缀穗方胜；方胜上方有一组三出莲，一花二叶，呈半抱合状。两只主题纹样构图相似的银盒，其象征意义也有异曲同工之妙（图三五）。

图三五 鎏金双雁纹银盒

古人所云大雁多指鸿雁，与鸳鸯同属于雁形目鸭科，是南北迁徙的候鸟，它们每年寒露后飞往南方越冬，春分后又飞回北方繁殖。古人从大雁的习性中也总结出美满的婚姻中夫妻之间应该遵守的美德：其一，大雁迁徙途中历尽艰苦，但它们春去秋往，从不爽期，象征婚嫁有时，不违婚约。其二，妻为阴，夫为阳，大雁由寒冷的北方飞往温暖的南方，象征"由阴趋阳"，表达夫唱妇随、不离不弃的含意。其三，大雁飞行途中排列有序，象征女子婚后在大家庭中也要分长、幼、尊、卑之序。其四，大雁一生中只配偶一次，象征夫妻感情忠贞不渝。可以说，大雁寄托着人们对从一而终、白头偕老的婚姻的殷切企盼。由于大雁暗含的这种教化作用，因此婚礼也被称作"奠雁礼"。敦煌文献有将"六礼"解释为"雁第一、羊第二、酒第三、黄白米第四、玄𬘘第五、束帛第六"的记录。虽然和传统对"六礼"的解释有所出入，但大雁在婚礼中的地位却始终如一。

在唐代乃至整个中国古代社会，如果仅举行婚礼仪式，而没有"三书六礼"，就算不得"明媒正娶"，也算不上一个好的婚姻。传统的"六礼"是婚配中应遵守的六道程序，包括纳采、问名、纳吉、纳币、请期、亲迎。而"三书"是奉行"六礼"时应备有的文书，包括纳吉定亲时的聘书、列有礼品清单的礼书和新娘过门时的迎书。"六礼"形成于周代，此后历代都大体沿袭此制。在婚姻"六礼"中，大雁作为重要信物贯穿于程序始终。

纳采是议婚的第一步，《仪礼·士昏礼》有云，"昏礼下达，纳采用雁"，当某少年想娶某少女为妻，便托媒人带着通帖和礼物上门拜访，而大雁则是纳采之礼的必备之物。

获得女方家庭首肯后，男方托媒人向女方索要"庚帖"，也称"八字帖"，包括女方祖宗三代及女方本人的大名、排行、生辰等内容，此过程称为"问名"。

男方拿到女方的"庚帖"后,要去宗庙祭拜祖先,在祖先面前占卜二人"八字"是否相合。占卜结果如果是吉兆,则托媒人备礼告知女方,初步订下婚约,此过程称之为"纳吉"。《仪礼·士婚礼》中云:"纳吉用雁,如纳采礼",因此大雁也是订婚必备的重要信物。

婚约定下之后,男方向女方送去一定数量的聘礼,也就是我们今天所谓"彩礼",此环节称为"纳徵"或"纳币"。《礼记·昏义》中云:"徵,成也。先纳聘财而后婚成。"女方接受聘礼后,婚姻关系就算正式确定。

男方选定好婚期后,请媒人带上备好的礼物前往女方家,将择定的吉日良辰告知女方,并征得女方家庭的同意,因此称作"请期"或"告期"。《仪礼·士昏礼》中云,"请期用雁",意味着婚期已定,务必像迁徙的大雁一样准时赴约。

亲迎是正式举行成婚典礼的日子,也是"六礼"的核心。吉日当天,器宇轩昂的新郎在亲友和媒人的簇拥下,前往女方家迎娶新娘,这一过程也要带着大雁。新郎进入女方家中,将大雁置于案几上,再向新娘父母致拜,表示亲受于父母。行完一系列礼仪之后,新郎才能带着新娘回到自己家中,行过交拜、合卺之礼后,夫妇才算合为一体,从此荣辱与共,婚姻关系至此才完全得以确立。

然而,始于爱情,却未必能终于爱情。虽然每一对新婚夫妇起初都怀有举案齐眉、白头偕老的美好期待,但在真正经历寻常巷陌、朝夕共处的生活后,也许会发现彼此并不那么相合。"此情可待成追忆,只是当时已惘然。"感情之火一旦熄灭,红的成了墙上的蚊子血,白的成了衣上的白米粒,与其互相嫌怨、猫鼠相憎,不如和平分手、好聚好散。

唐代社会风气开放,允许夫妻离婚,使婚姻能在双方互相尊重的基础上体面收场。《唐律·户婚》中规定:"若夫妻不相安谐而和离者,不坐。"唐代公主离婚、改嫁事迹屡见不鲜,甚至普通妇女离婚、改嫁也不属稀奇。

敦煌出土了十一件唐人的离婚协议书,当时称为"放妻书"。《某专甲谨立放妻手书》写道:"愿妻娘子相离之后,重梳蝉鬓,美扫娥眉,巧逞窈窕之姿,选聘高官之主。解怨释结,更莫相憎。一别两宽,各生欢喜。"另一份"放妻书"中则写道:"自别已后,愿妻再嫁,富贵得高,夫主不再侵凌论理,一似如鱼得水,任自波游;马如捋纲任山丘。愿君不信前言者,山河为誓,日月证明。愿君先者,男莫逢好妇,女莫奉好夫。……自后夫则任娶贤失,同牢延不死之龙;妻则再嫁良媒,合卺契长生之奉。"这些来自一千多年前的市井文书,语气温柔、遣词风雅,能看出分手时双方的平心静气、坦诚直率,让千年之后的我们也不得不为之嗟讶喟叹。

唐代女性在恋爱时的遐思、分手时的决绝、放下后的豁达,不仅反映出唐人积极健康的爱情婚姻观念,也折射出唐代社会对女性的尊重与宽容,而这也成为盛世大唐文明高度的一个最佳注脚。

第四章 文化交流

羲和敲日玻璃声 劫灰飞尽古今平
——凸环纹玻璃碗与缤纷东西的『火与沙』艺术

何家村遗宝里的大唐风华

"秦王骑虎游八极，剑光照空天自碧。羲和敲日玻璃声，劫灰飞尽古今平。"这是素有"诗鬼"之誉的唐代浪漫主义诗人李贺在其代表作《秦王饮酒》中开篇的四句诗。诗中描述了一位英武雄豪的君王，统率千军万马出征，战士手中铁剑的寒光似乎已把天空照亮。铮铮铁骑势如破竹、疾驰向前，仿佛是驾驶日车的羲和女神敲打着太阳，发出清脆干练的玻璃声响。一番鏖战之后，叛乱很快就被平定，从此四夷威服、宇内升平。

这首诗之所以被誉为李贺的代表作，是因为全诗几乎每一句都出人意料。无论是现实的描写还是虚拟的想象，无论比喻、夸张还是白描，无论意象选择还是遣词用语，都与一般诗人不同，颇能体现李贺诗歌想象奇谲诡异的特点。例如诗中将传说中羲和女神敲打太阳的声响比作敲玻璃的声音，就让人颇觉神奇。这是因为在一般人的认知里，玻璃是非常近代的材料，想不到唐代竟然有玻璃；另外，对于玻璃这么壁薄易碎的材料，一般人谁又会想着去敲打呢！

一般人之所以会认为玻璃是近代的材料，是因为在实际生活中即使是皇家，比如故宫，也是在清代末年才逐渐把宫殿里的纸糊窗户变成玻璃窗的。而中国农村普遍使用玻璃门窗和器皿，更是到了20世纪80年代改革开放之后了。如果唐代就有玻璃，那当时的玻璃制造发展到了什么程度？为什么那么早的一项"发明创造"，直至清末皇宫里才开始大规模使用呢？

玻璃出现的历史相当久远，应该属于人类最早发明的人造材料之一。然而它并不是中国人发明的。玻璃最早出现在公元前25—23世纪两河流域的美索不达米亚地区，即今天的伊拉克和伊朗地区，距今已有近四千五百年的历史了。玻璃是由石英砂作为主要原料再加上助熔剂和着色剂在一定温度下烧制而成的非晶态硅酸盐化合物，所以也被誉为"火与沙"的艺术。《圣经》旧约中的《约伯记》上说"黄金和玻璃不能与智慧相比"，也从一个侧面说明，在古代社会很长时间里，玻璃的价值是堪比黄金的。

继两河流域发明玻璃之后，依次出现了埃及玻璃（公元前2000年）、腓尼基叙利亚玻璃（公元前850—前100年）、罗马玻璃（公元前100—500年）、波斯萨珊玻璃（公元300—700年）、伊斯兰玻璃（公元700—1400年）和威尼斯玻璃（公元1300—1700年）。现在的玻璃都是从威尼斯玻璃发展而来的，这是世界玻璃制造业发展的主干。

中国古代关于玻璃的称谓有多种，有缪琳、陆离、琉璃、颇黎、玻璨等。依据考古发现，中国最早的玻璃出现在春秋末年，但一出现就是漂亮的"蜻蜓眼"，其成分均为钠钙玻璃，而且都出自贵族墓地。公元前1000年左右，地中海东岸、中亚、西亚地区非常流行"蜻蜓眼"玻璃珠，即在玻璃珠母体上镶同心圆，制造出类似"眼睛"的效果。埃及文化对眼睛很崇拜，他们觉得如果有什么伤害要发生，眼睛就能看见这个危险并予以躲避。在玻璃珠上面以眼睛做装饰，把玻璃珠再做成饰品挂在身上，就可以起到辟邪的作用。两河流域及北非地区能生产出最早的玻璃器皿，与这些地区富含优质的石英砂和天然碱这两种制作玻璃的矿物质密切相关。天然碱即苏打，所以他们的玻璃是钠钙玻璃。而中国苏打的产地很少，所以就以氧化铅来代替，因此中国原产的玻璃都是铅钡玻璃。据此学者们分析，中国这些最早发现的"蜻蜓眼"钠钙玻璃珠应该是域外的"舶来品"，是被中亚游牧民族作为贸易品进口到中原地区，或经过海上路线进口到东南沿海，并以其浓厚的异域风情，引起当时贵族们的竞相追逐。

战国中晚期，中国已经能够制造外观上与西亚相似、以铅钡为主要成分的玻璃珠了。而且，这种受西亚影响建立起来的玻璃制造业很快就与中国传统文化相结合，以仿制中国传统玉器而开始形成中国玻璃制造业的特色。汉代仿制玉器的玻璃制品多有发现，如江苏北洞山西汉楚王墓出土的玻璃杯，河北满城中山靖王刘胜墓出土的玻璃耳杯、玻璃盘，都是对玉杯、玉盘的模仿。江苏盱眙大云山汉墓被认为是汉武帝之兄刘非的墓葬，墓里出土了一套二十多件玻璃编磬，根据编磬的尺寸和调音打磨痕迹，也应是模仿玉、石磬的一套实用乐器。用玻璃做乐器，声音空灵而清脆，所以不光是古人，我们现在也有乐队专门用玻璃器演奏。由此可见，李贺用"敲玻璃"的声音比喻传说中羲和女神敲打太阳的声响，应该也不是空穴来风。另外，李贺如此比喻可能也与玻璃如太阳一样透明、光亮，以及玻璃意象所代表的珍稀神秘有关吧。

虽然从战国中晚期开始中国工匠已能制作铅钡玻璃，隋唐时期也掌握了西方钠钙玻璃的制作工艺，但从汉代至唐宋元明时期，大量的考古发现却证明，中国境内发现的玻璃制品依然主要是"舶来品"。仿照玉器的本土玻璃制造业很难形成自己的独特风格，再加之原料的缺乏、瓷器制造业的蓬勃发展，都成为中国古代玻璃制造业发展缓慢，始终没有成为主要手工业之一的原因所在。

特别是汉唐时期，丝路的开通与繁荣，以及这一时期罗马玻璃、波斯萨珊玻璃以及伊斯兰玻璃的快速发展，都使得我国本土的玻璃主要依赖国外进口。公元前1世纪后半期，罗马玻璃制造有了一个革命性的发明，就是玻璃吹制法。这一工艺的发明，大大简化了玻璃制造工艺，降低了制造成本，使得玻璃器成批大量生产成为可能。同时这一技术也提高了玻璃的透明度，使玻璃愈加清明澄澈，被更多的人喜爱。公元3—7世纪是波斯萨珊玻璃最为兴旺发达的时期，除了生产大量玻璃珠饰、纺轮外，还制造精美的高级玻璃器皿，供上层社会享用和出口。萨珊玻璃器皿造型浑朴，喜欢用连续的圆形作为装饰，与萨珊金银器上流行的联珠纹风格一致。萨珊玻璃工艺继承了罗马玻璃工艺的特点，同时还发展了冷加工的磨琢工艺，即在玻璃器皿上磨琢出突起的凹球面，形成一个个小凹透镜。从7世纪开始，信仰伊斯兰教的阿拉伯帝国兴起，并很快占领了地中海东岸和伊朗高原两个玻璃制造中心。伊斯兰玻璃在工艺和器形上都直接继承罗马和萨珊玻璃传统，并于9世纪时开始形成自己的独特风格。冷加工的雕刻、刻纹，热加工的贴塑、堆砌，以及釉彩和金属光泽绘画都很发达，纹饰多为植物纹或几何纹。

何家村遗宝中的凸环纹玻璃碗，就是一件萨珊玻璃制品。玻璃碗高9.7厘米、口径14.3厘米、底径10.3厘米，通体透明，稍泛黄绿色。碗身吹制成形，腹部有八组、每组三个圆环纹（图三六）。它的制作采用了粘贴玻璃条的热加工装饰工艺，制作时将熔融的玻璃条挑出，趁热贴压在碗身上。这种工艺最早出现在古代罗马玻璃上，后来被波斯萨珊玻璃继承发展。这件玻璃碗的造型特征、纹样装饰、工艺技术，都呈现出明显的萨珊风格。近年来有学者结合文献研究后更进一步提出，这件玻璃碗有可能是中亚罽宾国在唐高祖武德二年（公元619年）向唐王朝进献的一件贡品，与其一同进贡的还有宝带、宝石、水晶杯、鎏金银锁等。经现代科技检测，在这件玻璃碗的化学成分中也发现了与中亚玻璃器相一致的中亚植物灰，这进一步为其从中亚地区"进口"

何家村遗宝里的大唐风华

图三六 凸环纹玻璃碗

而来提供了有力佐证。

　　而 1987 年在陕西扶风法门寺唐代地宫出土的十八件玻璃器,则属于伊斯兰玻璃。也许大家很疑惑,作为佛教圣地的法门寺为什么会出现伊斯兰玻璃器呢?其实伊斯兰玻璃器只是国际上对公元 7 世纪以后伊斯兰阿拉伯地区生产玻璃器的通行命名,在这里并不具有更多的宗教意义。而佛教对玻璃器皿之所以大量使用,是基于玻璃制品所具有的晶莹剔透特性。佛教僧众将玻璃的这种特性与佛性之清净无尘相对应,将之与金、银、玛瑙、珊瑚等一起视为佛家七宝之一,用于高等级的佛教场所。隋唐时代在舍利瘗埋中，常将玻璃器皿做成舍利瓶。一套舍利器由多重宝函构成，由外向里依次为石函、铜函、银棺、金棺、玻璃瓶，舍利就存放在最里面的玻璃瓶内，足见玻璃在当时的珍贵和佛教信仰对玻璃制品的尊崇。这样的舍利器做法后来还传到朝鲜半岛和日本，进而影响了东亚地区的佛教仪轨制度。

在世俗生活方面，唐代贵族女子会用玻璃材质的珠、串等作为配饰，以显示其高贵豪奢的社会地位和自信爱美的生活追求。唐时流行的香料如西域进口的蔷薇香水也多装入玻璃瓶中，用蜡封口后，能起到有效防止香水挥发的作用。

虽然玻璃制造业始终没有成为中国古代手工业的主流，但西方世界的玻璃制品却以其浓郁的异域风情装点了中国古人的生活。如果说火与沙的玻璃艺术是西方人对人类文明的伟大贡献，那与此相对应的则是中国古人发明的火与泥土相结合的瓷器艺术。丝绸之路不仅为西方送去了东方的丝绸和瓷器，也为东方送来了西方的玻璃和香料。东西方文明的交流和互鉴，使得人类文明更加缤纷多姿。

良工雕饰明且鲜 得成珍器入芳筵
——镶金兽首玛瑙杯与"来通"的丝路邂逅

何家村遗宝里的大唐风华

"瑶溪碧岸生奇宝，剖质披心出文藻。良工雕饰明且鲜，得成珍器入芳筵。含华炳丽金尊侧，翠琌琼觞忽无色。"唐代诗人钱起的《玛瑙杯歌》，用寥寥数语表达了唐人对玛瑙以及玛瑙材质器皿的赞美和喜爱。一开篇，诗人就直截了当地称赞道：碧绿如翠的瑶池岸边，出产一种神奇的宝石。良工巧匠凭借精湛的雕刻技艺，使其显露出深藏的漂亮纹理。因为工艺的精湛和罕见，这件玛瑙杯从此成为盛大筵席上最耀眼的宝物。不仅在金尊旁边依然光华绚丽，就连上等玉石做的酒具在它面前也一下子变得黯然失色。

在何家村遗宝中，就有一件镶金兽首玛瑙杯。这件玛瑙杯以其罕见的材质和精湛的工艺，也得到了千余年后大量到访陕西历史博物馆的中外游客的喜爱，被誉为陕西历史博物馆的"镇馆之宝"，不仅成为网络和媒体竞相追捧的宠儿，而且在2002年国家文物局印发的《首批禁止出国（境）展览文物目录》的六十四件（组）一级文物中，也赫然位列其中。

镶金兽首玛瑙杯长15.6厘米、高6.5厘米、口径5.9厘米,由一整块棕、红、白三色玛瑙雕刻而成。杯一端为写实的羚羊头形象,另一端向上翘起形成杯腔。羚羊双目圆睁,双耳竖起,两只螺纹羊角粗壮有力,向后弯延与杯口相连。前突的羊嘴充当杯的流口,外嵌可卸下的金质帽塞。使用时,将金帽塞卸开,杯内的饮品就会汩汩流出(图三七)。

图三七 镶金兽首玛瑙杯

玛瑙,也称码瑙、马瑙、马脑等,是一种玉髓类矿物,一般为半透明或不透明状。其硬度一般为莫氏6.5~7度,因此材质致密坚硬;其色彩丰富,有绿、红、黄、褐、白等多种颜色;色彩层次分明,常呈条带状或环带状构造。玛瑙按颜色可分为绿玛瑙、红玛瑙、白玛瑙等,按条带可分为缟玛瑙(亦称条纹玛瑙)、缠丝玛瑙等,按杂质或包体可分为苔纹玛瑙、火玛瑙、水胆玛瑙等。

中国自史前时期就开始使用玛瑙,在汉代以前的文献记载中,其名称为"琼玉""赤玉"。玛瑙一名始于汉代,源自佛经,梵语本名为"阿斯到加波",意即"马脑"。后因古人认为"马脑"属于玉类,遂转写为"玛瑙"。魏文帝曹丕的《玛瑙勒赋》中有"玛瑙,玉属也。出自西

第四章 文化交流

153

何家村遗宝里的大唐风华

域，纹理交错，有似马脑，故其方人因以名之"，应该说已经很清晰地道出了玛瑙名称的来历和出自西域的渊源。

据《拾遗记》记载，在古人的观念中，玛瑙由恶鬼之血凝结而成，具有辟邪呈祥的作用，用它制成保存甘露的器皿，能让祥瑞长伴拥有者左右，因此玛瑙和玛瑙制品非常受古人青睐。制作精良的玛瑙器是古代贵族最喜爱的珍宝之一，生前将之作为饰物、把玩物和观赏物，以彰显其高贵身份和地位；死后随葬地下，以显示主人的无尽哀荣。

何家村遗宝中的这件镶金兽首玛瑙杯，从其材质看，是用一整块酱红色夹杂棕、白两色条带的缠丝玛瑙雕琢而成，属于玛瑙中的极品。中国原产玛瑙多为白、黄和淡青色，像这样大体量、高品质的红玛瑙在境内非常少见，因此有学者推测这件玛瑙杯的原材料很可能出自红玛瑙的主要来源地——西亚和中亚地区。根据考古发现，早在新石器时代晚期，西亚及印度河流域的玛瑙制品就开始传入中国，但目前发现的秦汉以前的玛瑙制品还主要是管珠、串饰类。自魏晋南北朝开始，西域玛瑙及其制品开始流入中原地区，因其材质稀有罕见和强烈的异域色彩而受到皇室贵族的热烈欢迎，被称为"西域鬼器"。到了唐代，西域玛瑙继续作为贡品沿丝绸之路流入中原，据《旧唐书·康国传》记载，开元六年（公元718年）"遣使贡献锁子铠、水精杯、玛瑙瓶、鸵鸟卵及越诺、侏儒、胡旋女子"；《旧唐书·波斯传》记载，在开元十年至天宝六载期间，波斯曾十次遣使来朝，献玛瑙床及无孔真珠等特产。《册府元龟》记载，开元二十九年（公元741年），吐火罗遣使献红颇黎、碧颇黎、生玛瑙、生金精及质汗等。可见，唐代的玛瑙贡品大多来自西域诸国。

镶金兽首玛瑙杯不仅材质好，而且工艺精。对"俏色"工艺的运用，使其成为迄今发现的唯一一件唐代俏色玛瑙制品。所谓"俏色"，是指玉石工匠巧妙利用材料上的颜色、纹理，甚至瑕疵，进行整体构思并予以雕琢，从而创作出生动传神的玉石作品。工匠在制作这件兽首玛瑙杯时，在雕刻兽角和耳朵的地方，就借用了玛瑙的浅色纹理，从而使器物造型更富有层次感和艺术表现力。而玛瑙杯流口镶嵌的金帽塞，不仅使得玛瑙杯简便实用，又为这件玛瑙器增加了一丝明快的亮色，使整件器物显得富丽堂皇、贵气十足。

从玛瑙杯的造型看，应该是源自希腊的典型饮器"来通"（希腊语音译，英文为rhyton）器，即底部设流，且装饰有牛、羊、狮、豹等兽首的角形杯。我国自新石器时代起就有仿兽角形象而制的角形杯，材质有骨、角、陶、玉、青铜等。由于犀牛和兕的角巨大而中空，所以古人常将犀和兕的角雕刻成杯具用以盛酒，因此这类角形杯在史籍中也被称作"犀杯"或"兕觥"。然而，我国传统的角形杯下部没有兽首，底部亦无流或出口，需从上部开口处注入液体和饮用，因此其造型虽与兽首玛瑙杯有相似之处，但用法却全然不同。

这种被称为"来通"的角杯，最早出现于地中海地区，公元前1500年希腊的克里特岛已有发现。它外形像一只漏斗，可用于注神酒。当时人们相信"来通"角杯是圣物，用它注酒能防止中毒。如果举起"来通"将酒一饮而尽，则是向酒神致敬的表示，因此也常用于礼仪和祭祀活动。"来通"向西传入亚洲后，广泛流行于美索不达米亚至外阿姆河地带的广大区域。至迟于公元前1000年，"来通"在西亚出现。早期的来通多呈短而直的圆锥状，其兽首有羊首、马首、牛首、狮首等。至波斯阿契美尼德王朝时，又创造出一种底部折而向前的"来通"。之后，这种来通进一步发展，其底部平伸向前的那一部分又演变成带前肢的兽形。至萨珊王朝初期，又出现了器身上模塑人像的"来通"。

我国境内年代最早的"来通"发现于新疆和田地区的约特干遗址，其年代约在公元3、4世纪。该遗址发现的三件陶制"来通"，器身均雕塑出长须人像，其中一件现藏俄国埃尔米塔什博物馆，另两件藏于新疆维吾尔自治区博物馆。这件藏于新疆维吾尔自治区博物馆的较为完整的

"来通"上也有兽首。公元6世纪,来通开始在内地出现。从目前发现的图像资料看,这种酒具常出现在胡人的宴饮场面中。山西省太原市隋开皇十二年(公元592年)虞弘墓椁座左壁浮雕有持角状器于口边的人物形象;椁壁浮雕第三幅亦可见有右手正握一角形器送入口中的人物形象。陕西省三原县唐贞观五年(公元631年)李寿墓石椁线刻画中也有手持兽首杯的女侍形象,这件兽首杯与何家村的镶金兽首玛瑙杯极为相似。从目前发现的实物资料看,大英博物馆收藏的白瓷狮首杯、加拿大皇家安大略博物馆收藏的白瓷牛首杯,年代都不晚于隋代,整体造型都是在模仿西方的"来通"。虽然这两件白瓷兽首杯与西方的"来通"造型有一定差异,但都保持了底部有独立兽首的形态。再晚些时候,唐嗣圣元年(公元684年)李徽墓出土的龙首三彩杯和洛阳唐墓出土的象首三彩杯,不仅独立的兽首不复存在,底部也没有流口,说明这些三彩兽首杯已失去了原本的实用性,或只是作为一种异域风情的载体而经过了模仿、改制。

关于镶金兽首玛瑙杯的制作者,一直以来众说纷纭。由于其材质和造型都有可能来源于西域,再加之《旧唐书》"开元十六年,大康国进献兽首玛瑙杯"等文献记载,所以有学者推断这件玛瑙杯是外邦贡品。也有学者说,鉴于当时有大量粟特工匠生活在大唐,也有可能是他们仿照粟特式"来通"制作的。当然,也有学者认为,既然中国工匠在隋代以前都能用白瓷制作出与西方"来通"相似的杯具,那唐代的这件兽首玛瑙杯也有可能是本土的能工巧匠将外来工艺与中国传统镶金技法结合后独立创作完成的。

但无论如何,这件镶金兽首玛瑙杯让来自异域的玛瑙珍料和源于西方的"来通"形象借助丝绸之路邂逅在繁荣富足的大唐王朝,并最终进入宫廷府库成为皇家贵族最珍视的宝物,总是一段令人赞叹不已的佳话。

第四章 文化交流

欢心畅邂逅 殊俗同车书
——从八曲忍冬纹白玉长杯看唐与波斯的文化交流

岁首节，是粟特人最重要的节日，被视为一年的开端。

在这一天，照例要举行袄（xiān）教祭祀仪式。只见一位祭司身穿白衣，跪在一块小毯上，左手捧着一个浅碟形的长杯，右手伸向从供桌上冉冉升起的火焰。他的身旁跪着众多侍从，手捧各色贡品。整个仪式庄严而隆重。

祭祀仪式结束后，随之进行的是一场盛大的宴会。粟特贵族们身穿装饰有绚丽繁复纹饰的华服，盘着腿围坐在铺有精美地毯的宴会厅内，共同庆祝这一年当中最重要的日子。只见一位粟特贵族一手擎一只开花的扁桃树枝，另一只手持一枚多曲造型的长杯，转头向身边的人敬酒。身旁两人同样手持长杯，与他亲切交谈着。整个聚会洋溢着迎接新年的喜悦。

这是中亚片治肯特古城神庙内壁画上描绘的一个场景。这幅如今看来充满异域风情的画面，对于唐朝人来说，或许并不陌生，因为都城长安也有很多袄祠和袄教教徒，每逢岁首节，那些粟特贵族就是这样欢度新年的。土生土长的长安人对于那些"奇怪"的袄教仪轨，也许有些难以理解，更谈不上心理上的认同。但那些"新奇"的物件，比如壁画中描绘的多曲长杯，对唐朝贵族却充满了莫大的吸引力。

在何家村遗宝中，就有一件这样的多曲长杯。杯由洁白莹润的和田玉制作而成，杯身整体为长椭圆形，四条曲线沿器壁横贯器身，使得杯身呈八瓣状，杯底部有椭圆形矮圈足，外壁碾琢忍冬纹，所以这件杯被命名为八曲忍冬纹白玉长杯（图三八）。

这件玉长杯曾被定名为"羽觞"。羽觞又称羽杯、耳杯，是中国传统的饮酒器具之一，汉晋之际尤为流行。器具外形为椭圆，浅腹、平底，因其两侧有半月形双耳，犹如鸟的双翼，故而得名"羽觞"。"杯"字源于"抔"，即双手合掬，所以古人就将杯的平面做成接近双手合掬所形成的椭圆形，而杯耳则来源于对左右拇指的模拟。关于羽觞，古代文献中多有记载。《楚辞·招魂》："瑶浆蜜勺，实羽觞些。"《汉书·外戚传》："酌羽觞兮销忧。"唐代李白《春夜宴从弟桃花园序》中有："开琼筵以坐花，飞羽觞而醉月。"宋代秦观《燕觞亭》中有："碧流如镜羽

图三八 八曲忍冬纹白玉长杯

觞飞，夏木阴阴五月时。"八曲忍冬纹白玉长杯虽然与羽觞器形貌似相似，实则相去甚远。分曲的杯形及无耳的造型，显示汉晋之际流行的羽觞未必是它的直接源头。

专家研究后发现，这种多曲长杯实际上源于波斯萨珊王朝。在公元3—8世纪，伊朗高原流行一种杯口呈长椭圆形、器壁呈多曲花瓣状的杯子，由于这一时期伊朗高原主要是由波斯萨珊王朝统治，因此这种多曲长杯被视为典型的"萨珊式器物"。

萨珊式多曲长杯一般为八曲或十二曲，口沿和器身呈变化的曲线，宛如一朵盛开的花朵。这种造型独特的器物受到当时人们的普遍喜爱，很快便在整个中亚地区流行起来，并沿着丝绸之路传入中国。

萨珊式多曲长杯出现在中国的时间不晚于公元4世纪，新疆库车克孜尔第38窟主室顶部4世纪壁画上已经见到多曲长杯的图像。而目前我国所见最早的多曲长杯实物，是在山西大同北魏城址中出土的一件八曲银长杯。北魏时期的多曲长杯还带有萨珊式多曲长杯内部有突出棱线的特征，这种风格与中国传统器物光滑的内壁不同，使用功能也不符合中国人的习惯。

到了唐代，多曲长杯的数量骤然增多，目前发现的唐代多曲长杯多达几十件，有金、银、玉、玻璃等各种质地。此外，多曲长杯在李寿墓石刻和懿德太子墓壁画中也出现，说明这种造型新颖的杯子在初唐时期已受到上层权贵们的喜爱。

萨珊式长杯在唐代的流行，与当时波斯萨珊与唐王朝频繁的交往密不可分。作为被丝绸之路连接起来的两大文明，中国文明和波斯文明早已发生了千丝万缕的关系。早在西汉时期，随着丝绸之路的开通，中国与波斯帕提亚王朝，即中国史籍中的安息帝国，便开始互通使节。波斯萨珊王朝兴起后，与中国直接或间接的往来日趋增多。唐代时，波斯人入华经商、求学蔚然成风,双方的交往更是达到了高潮。甚至在阿拉伯帝国东扩吞并波斯萨珊之后,部分波斯王族的后裔还来到唐朝以求庇护。波斯王子卑路斯,以及其子泥涅师师,均客居长安至死,跟随卑路斯父子流亡的王族部从也大多留在了中土。在唐高宗与武则天合葬的乾陵神道两旁,矗立着六十一位王公使臣的石雕像,其中就有卑路斯与波斯大首领南昧。西安西郊曾发现一方汉文与波斯婆罗钵文合刻的苏谅妻马氏墓志,志文记载,马氏为波斯王族之女。西安西北国棉四厂出土李素的墓志中称其为"西国波斯人也……公本国王之甥也"。

波斯萨珊虽然灭国,但其西部的余部及其后裔犹存,他们仍以波斯的名义继续向唐派遣使者。据史料记载,从高宗时期至代宗大历年间,波斯先后遣使二十余次。在这期间,大量的波斯人通过陆路及海上丝绸之路进入大唐境内,很多人因仰慕大唐繁华,长留不返。

作为国际大都会的唐都城长安,是波斯人最为集中之地。这些波斯人当中不仅有王族后裔、官员,也有景教、祆教僧侣,更多的则是从事贸易的商人。当时长安城内的醴泉坊、靖恭坊、普宁坊、义宁坊均建有波斯胡寺,作为波斯人传播宗教及其公共聚会的场所。尤其是醴泉坊内的波斯寺,是仪凤二年(公元677年)唐高宗应卑路斯的请求而兴建的。

在西域商人最集中的长安西市,有波斯人经营的邸店。活跃在长安城的波斯商人以擅长贩买鉴宝著称,他们经营的店铺往往成为整个市场的地标或招牌。唐人写的《乐府杂录》中记载这样一则故事:康老子原本为长安富家子,后来家产荡尽。一天他见到一位老妇持一旧锦褥贩卖,康老子以五百钱购之。后来遇到一波斯人,见到锦褥大为惊讶,说此褥为冰蚕丝所织,酷暑时放于坐上,可致一室清凉。波斯人以千万钱,从康老子手中购得锦褥。《太平广记》也记载不少类似的传奇轶事。虽是笔记小说,但也反映出在唐人心目中,波斯人多是怀有宝物、善于识宝的富商大贾,以至于唐人的俚语中出现了"富波斯"一词。来华的波斯人当中也不乏能够"广造奇巧"的手工匠人，他们在中土广为制作包括多曲长杯在内的萨珊式器物，进而对中国手工业制作工艺产生了很大的影响。

中国境内出土的多曲长杯虽有萨珊文化的渊源，但工匠们在仿制这种造型的器物时，创造性地加入了本土设计元素，使之更适应中国人的审美心态，表现出了不同于萨珊式长杯的面貌。

首先，从材质上看，萨珊长杯多为金银质地，而中国境内的多曲长杯则另有滑石、白玉、水晶、青瓷、白瓷等多种质地。尤其是玉和瓷质的长杯，更是蕴含了中国人"君子比德于玉"和"温润而泽""质朴执中"的文化内涵。和萨珊长杯相比，中国工匠制作的多曲长杯内壁淡化了突起的棱线，线条也变得更加平和流畅，体现出浓厚的中国传统文人的审美趣味。

其次，从装饰纹样上看，中国工匠大胆地对萨珊长杯进行了创造性改造，将萨珊长杯上常见的女神阿那希（Anahita）、水波鱼兽、葡萄圣树等具有浓厚宗教性质的图案，改造成忍冬、蔓草、莲叶、鸾鸟等能体现唐人丰富浪漫精神世界的祥瑞图案，体现出异域文化在传入中国后的本土化融合过程。

强盛的国力、发达的文化、通畅的陆海交通、开放的社会环境以及政府友好的对外政策，使得大唐王朝以无与伦比的向心力吸引着周围国家和地区的人们。正如美国学者谢弗在《唐代的外来文明》一书中所说："在唐朝统治的万花筒般的三个世纪中，几乎亚洲的每一个国家都有人曾经进入过唐朝这片神奇的土地。"各种外来文化在此处汇集融合，唐人以高度的文化自信无所顾忌地吸取、无所束缚地创新，最终创造出气势恢宏的大唐文明，八曲忍冬纹白玉长杯便是唐代多元文化融合创新的一个实物例证。

蒲萄酒 金叵罗 吴姬十五细马驮
——水晶八曲长杯与风靡盛唐的胡酒胡姬

何家村遗宝里的大唐风华

唐开元十四年（公元726年），大唐王朝已进入全盛时期。

这一年的烟花三月，李白初下江南。25岁的年纪，也正值人生的上升阶段。青春的李白血气方刚、风华正茂，正所谓鲜衣怒马少年郎。

入得一家酒肆，李白与当地友人把酒言欢。他们喝着最时兴的西域葡萄酒，用的是当时最流行的"叵罗"杯。酒正酣时，一匹小马驹驮着一位年方十五的吴地少女飘然而至。只见她秀眉青黛描，脚着红锦靴，歌词的发音虽然不很纯正，但吴侬软语的绵糯腔调，却引得众人情绪高越，兴奋不已。

"蒲萄酒，金叵罗，吴姬十五细马驮。青黛画眉红锦靴，道字不正娇唱歌。"李白的这首《对酒》，不仅将古人饮酒时因兴致所至写诗填词、作赋唱曲，畅抒胸中天地肝胆英气的豪迈之情表达得淋漓尽致，也将少年李白恣意潇洒、浪漫不羁、追求时尚的风采表露无遗。

诗中提到的酒器"叵罗"，有时也称颇罗、破罗、不落、凿落。根据我国著名文物学家孙机先生的研究，"叵罗"即唐代器物中的多曲长杯，因为"在唐代常见的酒器中，只有多曲长杯不知其本名，而在常见的酒器名称中，又只有叵罗而不知为何物；两者相较，则多曲长杯或即叵罗"。另外，根据俄国学者的研究，"叵罗"源出伊朗语，是伊朗语"碗"的音译。虽然目前还不能确认"叵罗"即多曲长杯，但是造型颇具特色的多曲长杯和其可能的名称"叵罗"身上，都包含了外来文化的元素却是不争的事实。

何家村遗宝中的一件水晶八曲长杯，是迄今经考古发现的唯一一件唐代水晶器皿。这件长杯通高 2.9 厘米、口径 9.5 厘米、宽 5.5 厘米、壁厚 0.1 厘米。杯用无色透明的水晶制成，光洁透亮。外壁光素，无任何纹饰。造型为八曲长椭圆形，圈足较矮，也呈长椭圆形（图三九）。这件水晶八曲长杯的器形与何家村窖藏出土的另一件白玉忍冬纹八曲长杯很相似，两者除了材质不同之外，还有就是后者外壁装饰有尖叶忍冬卷草纹。

水晶，在古代文献里也称作水精、水玉、千年冰，属于稀有矿物，是宝石的一种。水晶为石英结晶体，无色透明，其主要化学成分是二氧化硅。据文献记载，水晶多产自西域。《隋书·波斯传》记载波斯产水

图三九 水晶八曲长杯

晶,《新唐书·康国传》记载西域康国（今中亚地区）产水晶。西域国家向大唐进贡水晶制品也常见史载。《新唐书·西域传》记载,"武德二年,遣使者献宝带、玻黎、水精杯",《唐会要》亦载,康国"开元初,屡遣使献锁子甲、水精杯,及越诺侏儒人,胡旋女子,兼狗豹之类"。由此可见,何家村遗宝中的这件水晶八曲长杯,其用料极有可能出自西域。

关于这件八曲长杯的造型,学者们普遍认为也应来自西域。更准确点说,来源于伊朗高原的波斯萨珊王朝。公元3—8世纪,伊朗高原非常流行这种平面为长椭圆形、杯体为多曲瓣状的金银材质杯子。由于这一时期伊朗高原由波斯萨珊王朝统治,所以这种造型的杯子就被称为萨珊式长杯。在中国唐代以前的传统器皿中,除了汉晋时期的耳杯,并不流行长椭圆形器皿,杯体呈多曲的造型更未见到。多曲长杯因分曲使外壁凹陷而内部形成凸起的条棱,而不是光滑的内壁,不同于中国传统器物中的饮食类器皿,与耳杯也显然渊源不同。

这种波斯萨珊风格的多曲长杯器形首先影响至中亚,之后进入中国。依据考古发现,萨珊式多曲长杯在中国出现不晚于公元4世纪,新疆库车克孜尔第38窟主室窟顶4世纪的壁画中已经见到多曲长杯的图像。从目前海内外各博物馆的收藏看,唐代金银材质的多曲长杯已发现有几十件之多,可见这种异域风情的杯具造型对中国唐代金银器制造所产生的重要影响。

但唐代是一个善于创新的朝代,多曲长杯也不断经历着"汉化"的过程。最初,多曲是多层横向分布的,曲线不通杯底,整个杯子呈长椭圆形;之后,一些长杯的曲线呈现由口至底分布,曲瓣也各自独立,形成竖向分瓣的式样;到了晚期,杯体加深,圈足增高,曲瓣也变得比较平滑,器口由椭圆形更趋圆形。相较于造型繁复的萨珊金银多曲长杯,何家村窖藏出土的这件水晶八曲长杯曲线更加平滑、造型更加简洁,且在其器形流行的西亚、中亚等地也未见过水晶和白玉材质的多曲长杯,因此有学者推测,水晶八曲长杯很可能是唐人用西域进贡的水晶,借鉴中国传统玉器的掏膛技术制作而成。

在波斯诗歌中，红色的葡萄酒象征太阳，椭圆形的长酒杯象征月亮，以长酒杯盛满葡萄酒象征日月的结合，是歌颂王朝伟大、帝王英明的专用组合。多曲长杯在传入中土后，也依然被用作酒器。从北周安伽墓出土的围屏石榻上的图像看出，北朝时这种多曲长杯已成为粟特贵族宴会上的主要饮酒器；唐房龄大长公主墓壁画《仕女图》中也有女性手持多曲长杯的图案，推测也是用于酒席宴会上的器皿。但是，与萨珊和粟特人不同的是，唐人不唯金银，还创新性地将这种器形与用象征清澈、纯洁的玉石和水晶材质相结合，以表现空灵纯粹、飘逸洒脱的东方美学。也正因为如此，才有了"兰陵美酒郁金香，玉碗盛来琥珀光。但使主人能醉客，不知何处是他乡"（李白《客中作》）、"葡萄美酒夜光杯，欲饮琵琶马上催。醉卧沙场君莫笑，古来征战几人回"（王翰《凉州词》）这样的千古名句。诗里的"玉碗""夜光杯"，显然都是由纯净、透光的玉石类材料制作的酒器。

如水晶八曲长杯这样充满美感的饮酒器具，与之相配的会是什么样的好酒呢？在胡风盛行的唐代，备受青睐的自然也是胡酒。这些风格迥异的胡酒与中原传统的稠酒、米酒大不相同，且比本土酒更为稀有珍贵。一向追求新奇、热衷体验的唐人在烈烈胡风的影响下，把饮用西域美酒的风尚也推向了高潮。

据史料记载，唐代胡酒主要有来自高昌的葡萄酒、波斯的三勒浆和龙膏酒等。西域自古盛产葡萄，葡萄酒亦颇具盛名。《册府元龟》记载，唐开元十五年（公元727年），西域史国岁献葡萄酒。葡萄酒的制作技艺比较复杂，在富足的大唐长安也属于十分珍贵的奢侈品，唐代的诗人常常不惜文墨，对其极尽赞美："汉家海内承平久，万国戎王皆稽首。天马常衔苜蓿花，胡人岁献葡萄酒"（鲍防《杂感》），"春风戏狭斜，相见莫愁家。细酌蒲桃酒，娇歌玉树花"（刘复《春游曲》），"竹叶连糟翠,蒲萄带曲红。相逢不令尽,别后为谁空"(王绩《过酒家》),"遥看汉江鸭头绿,恰似蒲萄初酦醅。此江若变作春酒,垒曲便筑糟丘台"(李白《襄阳歌》)。

三勒浆是唐朝时从波斯传入的美酒。唐李肇《国史补》记载,"又有三勒浆类,酒法出波斯,三勒者,谓庵摩勒、毗梨勒、诃梨勒",三勒均是产自波斯的果品,三者合一可制成独特的三勒浆果酒。龙膏酒是一种以鳄鱼为原料酿制的养生酒。唐人在《杜阳杂编》中记载,唐宪宗曾召处士入宫,饮龙膏酒,并说龙膏酒"黑如纯漆,饮之令人神爽,此本乌戈山离国所献"。据史书记载,乌戈山离国也是古代西域小国。

随着胡酒一起来到大唐的还有胡姬,她们不仅在酒肆中卖酒、侍酒,还常伴之以歌舞表演。胡姬侍酒,载歌载舞,使饮酒已不限于饮酒本身,而变成了一种雅致且充满浪漫情调的文化行为。当时的大唐东西两京——洛阳与长安,酒肆林立,青旗高悬,招揽生意的胡人女子穿梭其间。她们长相俊美、能歌善舞、热情奔放、风情万种,一时间,引得贵族子弟和文人雅士趋之若鹜。"胡姬貌如花,当垆笑春风""胡姬招素手,醉客延金樽""落花踏尽游何处,笑入胡姬酒肆中""细雨春风花落时,挥鞭且就胡姬饮""双歌二胡姬,更奏远清朝。举酒挑朔雪,从君不相饶",大诗人李白从来都不掩饰他对胡姬、胡酒的赞美和喜爱,也从不隐晦其笑傲风月、赞美人生的洒脱和豪迈。

胡人本豪情,胡酒更醇烈。盛唐文化的青春热血在胡姬的频添勤劝下,在胡酒的激发蒸腾中,在胡乐胡舞的氤氲熏陶里,让李白更加才思飞扬。其快意的诗酒人生,使得李白在中国人的精神世界里风靡了千余年且至今依然不衰。流行歌曲里所唱的"要是能重来 我要选李白",不仅是今人对浪漫潇洒、豪迈奔放的诗仙李白的艳羡,更是中国人对那个海纳百川、包容开放的伟大时代的讴歌和赞誉。

第四章 文化交流

去金方之僻远 仰玄风之至淳
——鎏金双狮纹银碗、鎏金飞狮纹银盒与狮子形象的中国化

唐太宗贞观九年（公元635年），西域康国向大唐王朝进献雄狮。太宗欣喜，遂命秘书监虞世南作《狮子赋》。

在《狮子赋》中，虞世南称狮子为"绝域之神兽"，描写了狮子"过白狼""踰绝巘""跨飞梁""越流沙""超积石"，一路从西域翻山越岭抵达大唐的场景。在虞世南的笔下，狮子是一种"阔臆修尾，劲毫柔毨，钩爪锯牙"的猛兽，动起来则"奋鬣舐唇，倏来忽往，瞋目电曜，发声雷响"，老虎、熊貔、犀牛、大象、蟒蛇等各种猛兽在它面前都不堪一击，其气势能荡平高山野林，其吼声能震动江河湖海。然而，狮子虽然英武绝伦，但懂得随机应变。"去金方之僻远，仰玄风之至淳"，说狮子离开偏僻的西域，是因为仰慕大唐淳厚的风尚。意指西域诸国对大唐声威的仰慕，不远万里纷纷前来朝贡的景象。

初唐至盛唐时期，唐朝国力强盛，四方来朝，其目的都是寻求唐王朝的政治庇护或通商往来。安史之乱前，远在中亚甚至西亚的国家多次将其视为君王象征的狮子进献给唐朝皇帝。这些贡狮活动主要集中在太宗、武则天和玄宗执政时期，当时也恰值中国古代社会最为辉煌的时

代。在《狮子赋》中，虞世南实际上是借"万兽至尊"的狮子，以歌颂大唐太宗朝威服万邦的盛世景象。

何家村遗宝中的鎏金双狮纹银碗和鎏金飞狮纹银盒，则让今天的我们看到了唐人在金银器上所创作的狮子形象。鎏金双狮纹银碗高 3.7 厘米、口径 12.6 厘米、壁厚 0.2 厘米。碗为侈口、卷沿、弧腹、圆底，外腹部锤揲出十个连体的云曲纹花瓣。碗内底部焊有一块高浮雕装饰圆片，装饰圆片与实际的碗底形成双层底。圆片中心有一对口衔缠枝花、前爪相触、奋足对跃的鎏金狮子，双狮下方仍为缠枝花纹；其周围是一圈绳索纹圆框，再外围为波浪纹一圈。纹饰整体主题突出、生动简洁（图四〇）。

鎏金飞狮纹银盒高 5.6 厘米、口径 12.9 厘米、壁厚 0.13 厘米。盒体为圆形、带盖，以子母口相扣合。盒盖中部主题纹饰为一只头上有独

图四〇 鎏金双狮纹银碗及碗内底双狮图案

角、体侧有双翼的飞狮。飞狮眼睛圆睁，口部大张，双耳竖立。四肢健壮有力，其中右前肢高抬，另外三肢踩着祥云。飞狮的外围是一圈由联珠纹和菱形几何纹组成的圆框，再外围为相间的三组云勾瓣宝相花和三组石榴花组成的植物纹样（图四一）。纹饰布局层次清晰、富丽华美、饱满大气。

狮子主要生活在非洲、欧洲东南、中东和南亚地区。狮子高大威猛的形象，使其很自然地成为强者和权力的象征，同时也因其勇武和充满力量而被视为人类的守护神。因此，在发源于地中海的古希腊文明、西亚地区的两河流域文明和南亚地区的古印度文明中，都有对狮子的丰富表现。之后，在文化的互动交流中，狮子形象进入欧亚草原，又经欧亚草原传入中国。

中国关于狮子的记载始见于《穆天子传》："名兽使足走千里，狻猊、野马走五百里。"《尔雅·释兽》中也有"狻猊，如彪猫，食虎豹"的记载。西晋郭璞在为二者作注时皆提到"狻猊，即师子也"。中国古

第四章 文化交流

图四一 鎏金飞狮纹银盒

代传说中龙生九子中的第五子就是狻猊,其形象即由狮子演化而来。根据今人的研究,"狻猊"是古代于阗、疏勒一代"塞人"即活跃于欧亚草原的斯基泰人对狮子称呼的音译,由此也可证明狻猊与狮子的密切关系,以及先秦时代中国古人对狮子的认知确实来自欧亚草原。

汉语"师子"即"狮子"一词始见于《汉书·西域传》,源自中亚地区吐火罗语的月氏方言。根据德国汉学家吕德斯的研究,吐火罗语中与"师子"发音相近的词则是来自梵语。因此,狮子一词的根本来源应是南亚次大陆地区。狮子一词在汉代的定名与从汉武帝时期丝绸之路的开通,以及西域使臣向汉王朝进贡狮子等珍禽异兽密切相关。根据历史记载,汉章帝章和元年(公元87年)、汉和帝永元十三年(公元101年)、汉顺帝阳嘉二年(公元133年)均有西域诸国向汉王朝进献过狮子,这些都是比较早期的见于记载的贡狮活动。南北朝时期,虽然政权更迭频繁,但依然有外邦进贡狮子的记录。到了唐代,丝绸之路繁荣发达,大唐王朝威服天下,对外交往频繁活跃,西域国家贡狮比前代更有明显增加,唐代文献中也多次提到康国、米国、波斯、拂菻、吐火罗、大食国等向中原进献狮子的史实。

伴随着真实的狮子不断自西方传入,狮子作为瑞兽形象也深深融入中国传统文化中。因为狮子所代表的威武、勇猛、辟邪、护佑等美好寓意,其形象也逐渐被应用于古代人们的生活和艺术创作中。春秋中期至战国晚期,狮子形象开始出现于中国艺术中,但其形象并非写实,而是带有羽翼的一种神兽。飞禽走兽作为人类与天地人神之间沟通的使者,是古代很多不同文明的共同信仰,但表现形式却不尽相同。在古希腊文明、古巴比伦文明、古印度文明中,都将代表飞禽的"翼"与代表走兽的头或身子相结合,从而创造出充满想象力的、包括翼狮的有翼神兽形象。在中国先秦典籍中虽有"羽人"和"应龙"的记载,却难觅翼狮的踪迹,所以学者们普遍认为中国古代的翼狮形象最早应来源于西方。汉代,虽然有写实性狮子的出现，但数量有限，带翼狮子的形象继续得到发展。

隋唐时期，随着更多的狮子进入中原，人们对狮子也更加熟悉，狮子的形象也更趋写实。唐代宫廷画家阎立本创作的《西域贡狮图》和《职贡狮子图》，因生动写实地表现了来自异域的狮子形象而成为有名的画作。唐代帝王陵墓前的石狮威武雄壮，墓葬中出土的三彩狮子活泼可爱，金银器、玉器、织物上的狮子纹样则丰富多彩。何家村遗宝中的鎏金双狮纹银碗和鎏金飞狮纹银盒，分别成为唐代金银器上写实狮子和有翼狮子形象的典型代表。

狮子纹题材在唐代广受欢迎还与佛教的流行有关。在佛教中，经常用狮子来象征佛陀的高贵、威严、力量和智慧。"释迦牟尼"梵文的意思就是"释迦族的狮子"，佛陀被称为"人中狮子""大狮子王"。佛说法就是为了唤醒世人以幻为真的愚昧，所以也被称为"作狮子吼"。文殊菩萨作为智慧的化身，其坐骑就是狮子。两汉之际，发源于印度北部的佛教传入中原地区，狮子作为佛陀护法神的形象也逐渐深入人心。魏晋南北朝时期，时局动荡，战乱频仍，政权朝不保夕，底层大众民不聊生。因此，统治者出于统治的需要，民众出于精神解脱的需要，都为佛教大行其道提供了丰富的土壤，狮子形象勇猛、智慧、正义的宗教内涵，逐渐政治化和世俗化，被广泛应用于镇墓兽、壁画和生活用具中。到了隋唐时期，狮子作为佛教的守护神的形象随着佛教的发展而更加被大众熟知，其形象也更加世俗化。除了帝陵前显示威仪的石刻狮子外，更多的宫观寺庙、权贵大宅前都开始出现狮子的雕塑，而狮子也慢慢失去其在地中海和西亚地区作为王者象征以及在南亚次大陆作为佛陀象征的内涵，而演变为辟邪、祈福的吉祥象征。

唐朝国力的强盛，贡狮的频繁，狮子作为吉祥象征理念的普及，更提高了唐人对狮子的接受度。伴随着西域的乐舞和文人的诗词歌赋，狮子的形象开始走入民间百姓家,并在唐人对异域的想象中获得了新的内涵,被塑造成夸张神秘,但又吉祥活泼的形象,深受民众的喜爱。

最受民众喜爱的莫过于狮子舞。狮子舞由龟兹传入中原,具体形式类似今天的舞狮活动。伎人身着五色服装扮演狮子,随着音乐起舞十分热闹。狮子舞大约在曹魏时期即已出现在中原地区,唐朝时在宫廷和民间都有狮子舞的表演活动。唐代宫廷乐舞立部伎的《太平乐》中有"五方师子舞"。在当时,狮子舞不仅是一种娱乐,而且是宫廷用来彰显等级与威严的政治性活动,"非会朝聘享不作",不得随意狎玩。著名诗人王维就曾因管理狮子舞不当而遭到贬黜。据史书记载,开元九年(公元721年)王维中进士,任太乐丞,负责音乐、舞蹈等教习职责。然而供职仅数月,就因属下伶人舞黄狮子而被贬为济州司仓参军。黄狮子舞是专供皇帝享用的,故伶人私自作舞为不敬之举,因而累及王维获罪并被贬官。

以狮子舞为代表的西域乐舞在唐代民间也曾风靡一时,文人雅士也因此而填词作赋。元稹的《和李校书新题乐府十二首·西凉伎》中就有:"吾闻昔日西凉州,人烟扑地桑柘稠。蒲萄酒熟恣行乐,红艳青旗朱粉楼……前头百戏竞撩乱,丸剑跳踯霜雪浮。狮子摇光毛彩竖,胡腾醉舞筋骨柔。"白居易的《西凉伎》中也有:"西凉伎,西凉伎,假面胡人假狮子。刻木为头丝作尾,金镀眼睛银贴齿。奋迅毛衣摆双耳,如从流沙来万里。紫髯深目两胡儿,鼓舞跳梁前致辞……"元稹和白居易都是借描写昔日凉州宴饮、狮子舞助兴的热闹场面,追忆安史之乱前的盛世繁华。

狮子并非中国本土动物,但狮子文化却在中国文化中占据独特地位,其形象也成为超越本土常见的猛兽老虎、仅次于中华民族之象征的龙的重要瑞兽,而这一切则源于丝绸之路的开通和东西方文化的交流,而唐代正是狮子形象本土化过程中的重要节点。

第四章 文化交流

前望舒使先驱 后飞廉使奔属
——飞廉纹六曲银盘、飞廉纹银盒与流行中外的有翼神兽

景云初年，唐帝国政局波谲云诡、变幻莫测。

一边是操弄政权多年的太平公主党羽，一边是太子李隆基的新生力量。同是自己至亲至爱之人，夹在中间的睿宗李旦显得有些力不从心。

一日，睿宗做梦，梦中霞光满天、祥云缭绕，似有钟声如凤鸣，响彻云霄。

梦醒之后，遂下令造钟，悬于兄长中宗李显敕造的景龙观钟楼之上。

这只寄托着对兄长思念和对时局感慨的钟，体形硕大、浑厚庄重，钟声悠扬、清晰洪亮。钟身周围满布珍禽异兽、蔓草、彩云等各种纹饰，雕工精致、形象生动。而铸于钟身正面、由睿宗亲自撰写并书丹的二百九十二字骈体铭文，更为这枚大钟增添了无上价值，"天下第一名钟"就此铸成。

铭文追述了景龙观的来历、钟的制作经过以及对钟的赞扬，以宣传弘扬道家思想。其中对钟制作过程的描述尤为玄妙："广召鲸工，远征凫匠，耶溪集宝，丽壑收珍，警风雨之辰，节昏明之候，飞廉扇炭，屏翳营炉……从今亿春，悬玉京而荐福，侣铜史而司辰。"说的就是为造

这只大钟,广泛征召了天下懂得音律的人才和铸钟的名匠,从盛产金玉的耶溪和丽壑运来了很多珍贵的材料,由风神飞廉鼓风,由雨神屏翳营建炉子。钟铸成之后,即使是在风雨如晦的天气里,钟声也能划破长空,为人们准确报时、祈福纳吉。

铭文中所称的"飞廉",是传说中掌管风的风神。楚辞《离骚》中有"前望舒使先驱兮,后飞廉使奔属"的词句,汉人王逸注:"飞廉,风伯也。或曰,驾乘龙云,必假疾风之力,使奔属于后也。"楚辞《远游》中有:"历太皓以右转兮,前飞廉以启路。"王逸注:"风伯先导,以开径也。"

那么,飞廉究竟长什么样呢?《淮南子》中有"骑蜚廉而从敦圄",东汉高诱注:"蜚廉,兽名,长毛有翼。"《史记》晋灼注曰:"身如鹿,头如雀,有角而蛇尾,文如豹文也。"郭璞注曰:"飞廉,龙雀也,鸟身鹿头者。"章怀太子注《后汉书》时,引述前人著述称:"飞廉,神禽,能致风气,有角而蛇尾,文如豹文。""飞廉,神禽,身似鹿,头如雀,有角而蛇尾,文如豹文。"从史料中的记载来看,飞廉又称龙雀,其形象并不固定,或为鸟头鹿身,或为鹿头鸟身,头上有角,有蛇一样的尾巴,身上或许还有豹纹。但总的来说,飞廉是一种兼具鸟类和兽类动物的特征、能乘风飞行的神兽。

或许因飞廉可驾驭风云、上达九霄,古人将飞廉视作飞升求仙的象征。汉武帝元封二年(公元前109年)在上林苑建造飞廉观,高四十丈,供仙人居住。观顶置一巨大的铜铸飞廉像。东汉末年,董卓将飞廉观上的飞廉铜像连同铜人、铜马、铜钟虡一起运往洛阳,准备熔化作为铸钱的原料。张衡看到迁来洛阳的铜飞廉、铜马后,感叹"龙雀蟠蜿,天马半汉。瑰异谲诡,灿烂炳焕",对其华丽之貌赞叹不已。

在何家村遗宝中,有两件器物上的主题纹饰,就被认为是飞廉的形象。其中一件为鎏金飞廉纹六曲银盘。银盘整体造型为六瓣葵花形，盘身较浅，边缘处折出窄平沿。盘内底中心装饰一有翼神兽纹饰，其余部分留白，整体给人一种大气、华丽之感。银盘中心的纹饰无疑是其最引人关注的焦点：它的头似牛，头顶有独角；颈部有长长的鬃毛，正迎风飘扬；身侧有双翼，大而舒展，仿佛正乘风飞行；双腿粗壮有力，足端有偶蹄；尾羽繁茂，向上高高翘起，整体给人以昂扬奋进、神异威严之感（图四二）。另一件为鎏金线刻飞廉纹银盒。银盒通体鎏金，盒上纹饰刻画浅而草率，应为尚未完工的一件作品，但仍可清晰看出其纹样与

图四二 鎏金飞廉纹六曲银盘

鎏金飞廉纹六曲银盘上的有翼神兽很相似。银盒上的神兽头似马,颈披鬃,身有豹斑,双翼鼓振,足端有蹄作奔走状,尾羽大而上卷,身体周围还刻出云气纹,也是一幅乘风而飞的景象。不管是纹样布局,还是神兽的体态造型,银盘和银盒上的有翼神兽都很相似,只是银盘上的神兽为牛头,银盒上的神兽为马头(图四三)。

图四三 鎏金线刻飞廉纹银盒与盒盖上飞廉纹饰线图

不论这翼牛及翼马是不是飞廉，但这种以兽的造型为主体形象、兼有翅膀、杂糅了多种动物特征元素的"有翼神兽"，是自先秦时期以来就流行的纹饰主题，史料中也不乏对"有翼神兽"的记载和描述。上古典籍《山海经》中记载了一种叫"穷奇"的翼兽，描述它"状如虎，有翼"。有翼神兽形象也常见于青铜器、金银器、玉器、陵墓石刻等各类器物之上。河北平山战国中山王墓中出土四件错银双翼神兽，整体身形似虎，肋间生两翅，尾端作垂鳞状。云南晋宁石寨山墓地曾出土一件银错金带扣，上面装饰有翼虎图案。老虎昂首翘尾，右前爪抓一树枝，后肢作奔走状，身侧生两翼。

东汉时期开始流行一种大型的石雕有翼神兽，常被置于陵墓前。史料中记载，这类翼兽石像称为"天禄""辟邪"。《后汉书》章怀太子注中有："天禄，兽也……今邓州南阳县北有宗资碑，旁有两兽，镌其膊一曰天禄，一曰辟邪。"这两件石翼兽如今陈列在南阳汉画馆。仔细观察，两兽头类似狮或虎类动物，身形蜿蜒，头颈后缩上昂，胸腔圆鼓，因四肢残断而呈匍匐于地的姿态，身两侧刻翅膀。其中头顶一角者，翅上刻铭"天禄"；头顶两角者，翅上刻铭"辟邪"。"天禄""辟邪"有天赐福禄、祛邪除秽的含义，将其置于陵墓前，表达了一种祥瑞祈福的观念。

天禄和辟邪可能与一种年代更久远的瑞兽——麒麟有关。《汉书》中记载西域有乌弋山离国，其特产为桃拔、师（狮）子、犀子。孟康注称："桃拔一名符拔，似鹿，长尾。一角者或为天鹿，两角者或为辟邪"。《后汉书·西域传》中记载，安息国曾遣使来汉，"献师子、符拔。符拔形似麟而无角"。这里的"麟"就指麒麟。麒麟自上古时期就被视为仁兽，只在明君当道时才现身。《春秋·公羊传》中记载了一则"孔子泣麟"的故事：鲁哀公十四年（公元前481年）春，在西边狩猎，捕获一似麢（鹿类）有角的异兽，"非中国之兽"，无人认识。孔子看到后说："这是麟啊！麟本是感应圣明的君主而现身，何故要出现在这乱世，成为别人的猎物呢！"孔子"伤周道之不兴，感嘉瑞之无应"，再联想到自己的志向和抱负无人能懂，一时伤感涕零，竟至绝笔《春秋》。

实际上，这类杂糅了多种动物形象的有翼神兽也是广泛流行于亚欧非的装饰题材，其最早可追溯到公元前3千纪的两河流域文明中。苏美尔文化中可以见到一种狮子和鸠合体的翼兽形象。其后亚述文明中有一种叫作"拉马苏"的有翼神兽，人首、狮身、有双翼，常被雕刻在宫殿、庙宇的大门处，被视作守护神。这类鹰、狮等动物混合的翼兽形象，被称作"格里芬"，在很长的一段时间里在整个亚欧大陆广泛传播，并被各个文化吸收改造，产生不同变体，如鹰首狮身、鹰首鹿身、带翼狮或带翼羊。在我国北方地区出土的匈奴、鲜卑文物中，也能看到对翼兽形象的表现。

"格里芬式"翼兽在伊朗高原地区的变体称为"塞穆鲁"（sēnmurv）。"塞穆鲁"一名最早见于公元前7世纪的祆教典籍《阿维斯塔》中。祆（xiān）教又称琐罗亚斯德教或拜火教，是流行于古代波斯及中亚等地的宗教。"塞穆鲁"被视为祆教中神的象征，其基本造型为一神鸟，长有狮头或狗头，并掺杂了麝、猪等动物的某些特征。公元3世纪波斯萨珊王朝建立，将琐罗亚斯德教奉为"国教"，"塞穆鲁"的形象也广泛出现在萨珊式织锦、雕塑及金银器物上。

不仅如此，"塞穆鲁"形象随着人员往来、商业贸易和文化交流而广为传播。中亚地区的粟特人接受了"塞穆鲁"的形象，并结合本民族传说对其进行改造，创造出象征胜利之神的有翼骆驼的形象，更加强调了骆驼在祆教中的重要地位。

从唐代有翼神兽的形象看，或许也受到萨珊银器上"塞穆鲁"图像的启示，将其与中国传统的神兽"飞廉"联系起来，创造性地将飞廉的蛇尾改造成鸟的尾羽，取消了它作为风伯或是塞穆鲁的神性特质，赋予其更多如凤凰般的祥瑞含义。

不仅飞廉纹样本身吸纳了一定的域外文化因素，其装饰手法也受到域外文化的强烈影响。鎏金飞廉纹六曲银盘盘内底中心采用单点式的动物装饰，周围留出空白，与何家村遗宝中多见的鱼子纹"满地装"密不透风的装饰风格截然不同，是一种偏离传统的独特风格，这种单点式的装饰风格也是借鉴了西亚萨珊、中亚粟特等外来艺术的装饰手法。何家村遗宝中与鎏金飞廉纹六曲银盘相类似的还有鎏金双狐纹双桃形银盘、鎏金龟纹桃形银盘、鎏金凤鸟纹六曲银盘、鎏金熊纹六曲银盘等。虽然装饰手法是对外来文化的借鉴，但银盘上的动物种类和形态却是中国式的，是中西文化完美融合的代表作。

唐人的包容、开放和自信，使他们在面对异域文化时，非但没有感到异样而心生排斥，反而极力吸收借鉴，创造出别具特色的"时代新样"。"文化因交流而多彩，文化因互鉴而丰富"，这是中华文化几千年来绵延不断、生生不息的动力，也是亘古不变、放之四海皆准的真理。

何家村遗宝里的大唐风华

一去隔绝域 思归但长嗟
——库思老二世银币与波斯『王子复仇记』

公元 6 世纪的古波斯王国，一处荒远的金色沙漠中，沉睡着一把上古时代的神秘匕首——"时之刃"。"时之刃"拥有不可思议的力量，能够开启掌控时间的"时之砂"。借助"时之砂"，时空就会倒转，从而可以改变历史。

随军出征的波斯王子达斯坦在战利品中发现了这把魔法匕首，但国王的弟弟尼扎姆为了据有这件宝物，杀死国王并嫁祸达斯坦，达斯坦被迫亡命天涯。虽然达斯坦历尽艰难险阻，但他最终还是依靠智慧和勇敢重返故国，夺回了被尼扎姆篡取的权位。

这是电影《波斯王子》中讲述的一段奇幻故事。银幕上的波斯王子达斯坦，通过个人的智慧和勇敢挽救了波斯王国，创造了一段王者传奇。然而，真实历史中的波斯王子，其故事却远没有这么奇幻瑰丽，而是充满现实的残酷与难以抗拒的命运悲剧……

何家村遗宝中的一枚"库思老二世银币"，为我们引出了一个伟大王朝的覆灭和一段真实的王子复国故事。这枚银币呈不规整的圆形片状，两面用模子打压出花纹。银币两面皆有繁复的纹饰，其正面纹饰最外侧以两圈联珠纹环绕，圈外上下左右边缘各有一新月抱星纹饰；中央是头戴王冠的波斯萨珊王朝君主库思老二世的半身像，两侧有古波斯文字母写成的铭文，由王像左边下角开始逆时针旋读，转写为"HARMAN AFZUT HUSRUT"，译意为"命运昌盛的库思老"，寄托着库思老二世对波斯王国和其统治权威长盛不衰的美好期望。其背面纹饰中央安置一座祆（xiān）教祭坛，祭坛上的火焰正在熊熊燃烧；两侧各站立一位祭司，仗剑侍立于祭坛旁（图四四）。"祆，胡神也。"祆教，即波斯国教琐罗亚斯德教，尊奉阿胡拉·马兹达（Ahura Mazda）为最高神。因其教义崇尚火，又被称为"拜火教"。

第四章 文化交流

图四四 库思老二世银币（正面、背面）

波斯帝国位于欧亚大陆之间，紧扼丝绸之路要道，是东西方文化交流的重要枢纽和商贸往来的重要通道，与中国的联系最迟从汉代就已开始。汉代史书中曾将这一区域称为"安息国"，即帕提亚王朝。张骞在公元前119年第二次出使西域时，曾派遣使者访问安息，得到了安息王的高规格礼遇。

东汉末年,古老的中华大地上兵燹四起,从此开始了长达近四百年的大分裂、大动荡时代。而在西亚,波斯萨珊王朝则开始登上历史舞台。公元224年,波西斯王国(今伊朗法尔斯省一带)的统治者阿尔达希尔一世(Ardashir I)攻占了安息首都泰西封(今伊拉克巴格达附近),取代了堪比罗马帝国势力的安息帝国,建立了历史上著名的波斯萨珊王朝。直至公元651年阿拉伯帝国的入侵,延绵四百余年的萨珊王朝统治宣告结束。

强大的波斯萨珊王朝存续期间,与其东方的中国古代各王朝一直保持着交往和贸易联结。即使是在动荡不安的南北朝时期,这种交流往来也没有中断。仅在公元455—521年的短短六十六年里,波斯萨珊王朝就曾遣使来中国十余次,交往之频繁由此可见一斑。

隋朝时期,为了牵制屡屡犯边的西突厥,隋炀帝曾"遣云骑尉李昱通波斯",其目的与当年汉武帝派遣张骞出使西域、联合大月氏共同牵制匈奴如出一辙。《隋书·西域传》中也留下了关于波斯王"库萨和"的记载,"库萨和"即波斯萨珊王朝的君主库思老二世(Chosroes Ⅱ)。库思老二世是波斯帝国萨珊王朝的第二十二代君主,公元590—628年在位,与隋文帝杨坚、隋炀帝杨广和唐高祖李渊在位时间大致相当。

波斯的每一位君主在位期间,都会打造独具风格的钱币,库思老二世自然也不例外。何家村窖藏中这枚"库思老二世银币"就是其执政时在历史中留下的重要印迹。库思老二世银币是萨珊波斯银币流传后世最多的一种,也是中国境内发现最多的一种。这种银币的流传范围之广和存世量之大都显示着库思老二世和当时波斯帝国的影响力。

库思老二世银币背面的祆教祭坛及相关纹饰,说明了作为波斯萨珊王朝国教——祆教在维护其统治中的重要性,而这也是萨珊王朝实力强大并对外发挥巨大影响力的重要因素之一。通过丝绸之路的连接,祆教信仰也逐渐传入中国。北魏、北齐、北周等各个政权不但给予祆教以官方认可，还设立了专门的祆官以管理其宗教事务，甚至统治阶层中也有不少人"躬自鼓舞，以事胡天"。唐代，随着丝路贸易的兴盛，来华胡人日益增多，其中也不乏信仰祆教者。为此，唐朝政府批准在两京地区设立了多处祆祠，作为祆教信仰人群供奉祭祀的场所，如长安的布政坊、礼泉坊、普宁坊、靖恭坊，以及东都洛阳的嘉善坊、立德坊、宁远坊等地都设有祆祠。长安的祆祠多分布于胡人聚集的西市周围，非常方便他们日常举行宗教活动。为了有效管理祆教事务，唐朝政府还于尚书礼部之下设立萨宝府，作为专门的管理机构。萨宝府的"萨宝""祆正""祆祝"等官职，皆可由胡人祆教徒担任，掌管祆祠和祆教徒的相关事务。这一系列措施，充分显示出唐朝政府对外来宗教信仰的尊重和包容。

唐中期之后，佛教的过度发展与国家利益之间的矛盾日益激化。唐武宗在位期间，深感于佛事之弊，于是采取一系列措施打击佛教。在这场浩浩荡荡的"灭佛"运动中，许多寺庙都被拆毁，僧侣也被勒令还俗，佛教在中国受到严重打击。祆教与祆祠也不可避免地受到波及，祆祠遭到拆毁，教徒也令还俗，祆教在中土的发展跌入低谷。但其遗俗在民间犹有残存，如今西北和南方某些地区每年正月演出的"社火"，可能就源自祆教遗留。

尽管库思老二世确实缔造过辉煌的功业，但是他穷兵黩武、多疑猜忌和残忍妄为的性格和行为也为自己埋下了祸根。库思老二世死后，萨珊王朝陷入内乱，派系倾轧、互相攻杀，废立不定、国无宁日。到库思老二世之孙伊斯提泽德三世（Yazdegerd Ⅲ）于公元632年继位时，内乱虽暂时平息，但外患却更加严重，最终于公元651年被新兴的大食（波斯语Tazi的音译，即阿拉伯帝国）所杀，曾经辉煌了四百余年的波斯萨珊王朝就此灭亡。

但是，伊斯提泽德三世的儿子卑路斯及其后人，却不甘于失国之痛，从此便开始了其漫长艰苦的复国之路。《旧唐书》和《新唐书》称伊斯提泽德三世为"伊嗣候"或"伊嗣俟"。相关史书中记载有："伊嗣候懦弱，为大首领所逐，遂奔吐火罗，未至，亦为大食兵所杀。其子名卑路斯，又投吐火罗叶护，获免。"避居吐火罗（位于今阿富汗北部）的萨珊王子卑路斯（Peroz）带着残存部众，多方寻求支持，进行顽强的复国斗争。他曾数次派遣使者前往唐朝寻求兵力援助，但碍于路途遥远与形势复杂，没有得到当时在位的大唐皇帝高宗的应允。然而，长安却成为这个多灾多难王子最后的"家乡"。后来在西域难以立足的卑路斯来到长安，受到了唐高宗的优厚礼遇，此后一直留居长安，直至客死中土。

卑路斯去世后，唐高宗册立其儿子泥涅师师（Narses）为波斯王，并任命吏部侍郎裴行俭护送其返回故国。然而唐军此行的真正意图是以册送为名，突袭西突厥残部与吐蕃联军。唐朝军队在碎叶（今吉尔吉斯斯坦托克马克城西南八公里处的阿克—贝希姆 Ak-Beshim）擒获西突厥残部首领后，把泥涅师师护送到吐火罗，便班师回唐。

在吐火罗的二十年间，泥涅师师艰难地进行着与覆灭其家国者——大食的斗争，然而终究势单力孤，复国无望。唐中宗景龙年间，泥涅师师再次回到唐朝，被授予左威卫将军，得到唐朝的优厚礼遇。尽管享有物质上的充裕，但是唐朝之于他，始终是异国他乡。在长安平静的生活非但无法安抚泥涅师师那颗炽热的复国之心，反而使他愈发感到无力与沉郁。不久之后，就病逝于长安。

泥涅师师触摸到生命终点的那一刻，其心境究竟如何，是摆脱复国枷锁的解脱和释然，还是无法归葬故国的不甘或愤懑，抑或是对实现理想的憧憬和神往？这一点我们都无法得知了。或许，在另一个世界里，泥涅师师能和父亲卑路斯并肩作战，以重现萨珊王朝往日的辉煌和荣耀。

卑路斯与泥涅师师被唐朝视作萨珊波斯的王位正统，因此萨珊王朝虽于公元651年已经倾覆，但直至泥涅师师去世后，才正式在官方记录中留下"其国遂灭"的记载。被迫逃亡的波斯王子终究没能实现重返故国的伟业，没能重新燃起祆教祭坛上的圣火，没能继续书写奇幻迷人的传说故事。复盘这个故事中人物的心路历程，依然令今天的我们扼腕叹息。

　　国势兴衰就如同涌动的水波，当波斯萨珊的统治处于风雨飘摇之时，阿拉伯帝国的扩张却势如破竹，在取得节节胜利后逐渐向东方推进。而此时，唐王朝向西发展的势头也如日中天。中古时期"世界岛"上的双雄相遇，会给世界文明带来什么呢？这又是另外一个波澜壮阔的故事了。

因惊彼君子 王化远昭昭
——"和同开珎"银币与遣唐使

何家村遗宝里的大唐风华

静谧的夜空中挂着一轮明月，下面是一望无际的碧波大海。一个身形瘦削的中年人在海边徘徊良久，那虚幻的影子投射在海浪中，起起伏伏，仿佛要借着波涛的力量，横渡汪洋，直抵故国。举目望苍穹，月色皎洁，遥想此时家乡三笠山巅的春日月华，也当如许美丽吧。

这是江苏镇江北固山上一块诗碑中铭刻的一首和歌，记述了距今一千二百多年前，一位身在大唐的日本游子，思念家乡的绵绵心绪。铭文用中日两种文字书写，日文为:「天の原、ふりさけ見れば、春日なる、三笠のやまに、出でし月かも。」中文作:"翘首望东天，神驰奈良边。三笠山顶上，想又皎月圆。"诗名题为《望月望乡》，作者是晁衡——一位鼎鼎大名的遣唐使。

遣唐使，广义上可以指各国派出的来唐使节，但现在人们常说的"遣唐使"则主要指当时日本国派出的来唐使团。遣唐使一般由日本官方出资、选派人员组成使团，其缘起可上溯到隋代的"遣隋使"。隋文帝开皇二十年（公元600年），《隋书》中就有日本使团朝贡的记载，但此次出使却不见于日本史料，因此有学者认为可能是商人团体的冒名行为，不能算作正式的官方出使。

隋炀帝大业三年（公元607年），日本摄政的圣德太子派遣小野妹子率团出使隋朝，并献上日本的方物特产。次年，遣隋使团回国时，隋炀帝派遣文林郎裴世清一行十三人随同小野妹子一道回访，到达时"倭王遣小德阿辈台，从数百人，设仪仗，鸣鼓角来迎"，隋朝使团受到了日本官方的隆重礼遇。

完成回访任务后，裴世清一行起程返回。小野妹子再次被任命为大使，护送隋朝使团归国。与前次赴隋出使不同，这次随行人中增加了留学生、学问僧共八人。这些留学生、学问僧从此便留在中国学习——这也成为"遣唐使"的前奏。他们之中，有的在中国学习长达一二十年，于唐初归国，如留学生直福因、学问僧旻等人；个别人员居留长安甚至长达三十余年，如留学生高向玄理、学问僧南渊请安等，他们直至唐太宗贞观年间才归国。隋炀帝大业十年（公元614年），日本最后一次派出遣隋使团，以犬上御田锹为大使，再次留下多名留学生、学问僧等在华学习。此后，由于隋末战乱，使团的派出中断。

公元618年，唐朝建立，动乱已经平息，社会逐步稳定，隋时的留学生、学问僧也渐次归日，赴华使团的派遣重新被提上议程。昔日的留学生惠日曾上书日本天皇说："大唐国者，法式备定之珍国也，常须达。"强调与唐朝保持往来的重要性。于是，在"隋归"人员的建议与争取下，日本重新启动了向中国派遣使团的战略。唐太宗贞观四年（公元630年），第一批遣唐使团由日本出发，带队者是犬上三田耜，即担任最后一次遣隋大使的犬上御田锹，随行人员中还有曾经的遣隋留学生惠日。这些曾经留隋的杰出人才，成为新一批留唐求学者的引导者，而这一批留唐学者又成为下一批留唐求学者的引导者。就这样代代相继，在唐代，日本共派出遣唐使十余次，使团成员常常多达数百人，包含留学生、学问僧、工匠、乐手等各色人员。

长期多人的留华经历，使这些日本官方派出的"精英"了解和掌握了中国政治、经济、社会、文化等方面的先进经验，并成为后来推动日本社会进步的重要力量和社会基础。之后，在来华留学生们的直接或间接影响下，日本以中国为摹本，开启了一系列社会变革，史称"大化改新"。主要内容包括：仿照古代中国年号制度，设立了首个日本年号"大化"，并制定相关政治和经济变革措施；以留学生们带回去的唐律为范本，先后修成《大宝律令》《养老律令》；依照均田制设立了"班田收授法"；模仿长安城规划了平城京（位于奈良）和平安京（位于京都），等等。而仿照唐朝铸造金属货币，也是这一系列改革措施中的一种。金属货币的铸造和颁布，改变了日本长期以来以实物交换的贸易形态，对当时日本国经济的发展具有极其重要的意义。

何家村遗宝中的"和同开珎"银币就是日本货币革新的见证。何家村遗宝中的"和同开珎"银币共计五枚，钱文光整，品相端丽（图四五）。据记载，公元708年（唐中宗景龙二年），日本武藏国秩父乡发现了"和铜"（自然铜）。由于日本岛铜矿资源匮乏，因此奈良时代的元明天皇为了庆贺这一重大事件，改年号为"和铜"，并相继铸造颁行"和同开珎"银币和铜币。因此，有部分学者认为，"和同"是"和铜"年号的省写，"开珎"是"开寳"的省写，是出于对唐朝"开元通宝"的模仿。

"和同开珎"名列日本"皇朝十二钱"之首，很长时间被视作日本最早的官铸钱。但近年来"富本钱"的发现，对此说法似乎提出了挑战。"富本钱"是飞鸟时代天武天皇统治时期（公元7世纪晚期）铸造流通的金属货币，因此确实比"和同开珎"的铸造更早一些，但"富本钱"的样式也明显受到了中国古代铜钱的影响，这一点是毋庸置疑的。

第四章 文化交流

图四五 "和同开珎"银币

在一批又一批日本"青年才俊"以遣唐使身份远涉重洋、逆风冲波、历尽艰难来到中国后，他们殚精竭虑、勤奋好学，只为求取知识、改造国家，在中日交流史的长卷中留下了一个个熠熠生辉的名字。而其中最具盛名者，无疑当属晁衡。

晁衡，本名阿倍仲麻吕，出生于日本奈良的一个贵族家庭。他自幼聪明好学，才华横溢，唐玄宗开元五年（公元717年），十六岁的阿倍仲麻吕被选为留学生，跟随遣唐使团从日本难波津（今大阪附近）横渡东海入唐，同行的还有日后创制日文"片假名"的吉备真备。

阿倍仲麻吕入唐后，因慕华风遂改名晁衡，有时也写成朝衡。晁衡先是就学于当时唐朝的最高学府——太学，学习期间成绩优异。后又参加"宾贡"进士考试,结果一举中第。此后,他还在唐朝相继担任过校书郎、仪王友、左补阙等职务。这些职务都需具备极高的文学素养,由此可见晁衡学问与学识造诣之雄厚高深。

开元二十一年(公元733年),日本派遣的第十次使团来到长安。此时,已学有所成的晁衡上书请求归国,但唐玄宗惜其才华未予允准。虽然,晁衡在长安的生活多彩又浪漫,也凭借自身才华与王维、李白等诗坛名士都结为好友,时常交游来往,吟咏唱和,畅叙幽情。然而,家乡的风物总是会闯入他的脑海,"语尽苍穹是我家,三笠山头月正华",虽然远隔山海与重洋,但三笠山上的月色却始终萦绕在心头,勾起一片思乡情绪。"一片望乡情,尽付水天处。"望乡之情难以纾解,只能遥寄于无尽的水天。

天宝十一载(公元752年),第十二次遣唐使团又来到了长安,大使为藤原清河,而副使是吉备真备——晁衡昔日的同伴。玄宗皇帝似乎对这次使团非常欣赏,不但称赞日本为"礼仪君子国",还特地命晁衡带领使团一行人参观皇家内府,可谓恩遇极深。这一次,晁衡又向玄宗皇帝提出了回国之请。幸运的是,这次的归乡请求不仅获得了允准,他还被封为"日本国聘贺使",以唐朝使者的身份随行回访。

即将到来的离别尽管令人有些不舍,但更多的还是激动与期待。王维、包佶等好友得知此消息,纷纷著诗相送。玄宗也亲自赋诗送别:"日下非殊俗,天中嘉会朝。念余怀义远,矜尔畏途遥。涨海宽秋月,归帆驶夕飙。因惊彼君子,王化远昭昭。"这首《送日本使》寄托着一位大唐皇帝的愿望,希望大唐华风与王化能随着使团远播日本。

晁衡一行从苏州扬帆起航,鉴真大师也被邀请同行。然而风雨难测,鉴真大师与吉备真备的乘船虽也经磨难,但还是抵达了目的地日本,但晁衡搭乘的船却被巨浪摧毁了。千里之外的李白听闻后,满怀哀恸写下了《哭晁卿衡》:"日本晁卿辞帝都,征帆一片绕蓬壶。明月不归沉碧海,白云愁色满苍梧。"然而,此时的李白并不知道,其实好友并未"明月沉海",而是漂流至安南驩州（今越南河静县）。之后几经辗转,又再次回到了长安。此后,晁衡便一直居于长安,直到寿终正寝。虽然晁衡未能将毕生所学带回日本,但顺利抵日的鉴真大师、吉备真备,以及此前的使团、商队早已为海东之国带去了阵阵新风。

"万国朝天中,东隅道最长。"东瀛来客们乘风浪浮巨海,虽九死犹未悔,不畏遥途,迢迢万里来到大唐,只为给故国带去生机勃勃的华夏之风。而大唐,也以其开放的胸怀、豁达的气度,滋养着这些"慕华者",彰显着辉耀四方的大国气象。

何家村遗宝里的大唐风华

九天阊阖开宫殿 万国衣冠拜冕旒
——从骨咄玉带銙看西域诸国与唐王朝的『玉石外交』

天宝十四载（公元 755 年）十一月，安史之乱爆发。太子李亨被唐玄宗任命为天下兵马大元帅，负责平叛。

天宝十五载（公元 756 年）六月，叛军一步步逼近长安，玄宗皇帝率众仓皇西逃。七月，已做了十八年太子的李亨趁机在甘肃灵武宣布登基，尊玄宗为太上皇，改元至德，是为唐肃宗。

至德二载（公元 757 年）九月和十月，在肃宗的指挥下，官军重整旗鼓，相继收复长安和洛阳。

至德三载（公元 758 年）二月，还都长安的肃宗皇帝大赦天下，改元乾元，显示出重振纲常、图谋中兴的勃勃雄心。

也正是在这一年，时任中书舍人的贾至在一日上朝之后，写下了著名的《早朝大明宫呈两省僚友》一诗，描写肃宗皇帝回朝后宫廷早朝的气象。虽然这首诗在文学水准上并不是很高，但因为贾至诗题"呈两省僚友"，依唐朝文坛风尚，同僚当然要写诗奉和。中书、门下两省官员很多，奉和诗作自然不少，其中王维、岑参、杜甫三人的作品因水平最高而流传至今。而在这三首奉和之作里，流传最广的莫过于王维在《和贾至舍人早朝大明宫之作》中的名句"九天阊阖开宫殿，万国衣冠拜冕旒"了。

虽然依然内忧外患，但毕竟李唐政权已转危为安。朝廷一切制度礼仪开始逐渐恢复，中兴的局面起码从表面上看也正在形成。层层叠叠的宫殿大门如九重天门，迤逦打开，深邃伟丽；万国的使节拜倒在丹墀桥上，朝见天子，威武庄严。王维诗句所描摹出来的盛景与肃宗皇帝改元的"愿景"一样，都透露出在他们的认知里或者说希冀中，大唐还是原来的大唐：域内社会安定，依然海晏河清；域外万国来朝，照旧遣使纳贡不断。

何家村遗宝中一共有十副玉带銙，其中一副骨咄玉带銙，可以算作大唐曾经万国来朝辉煌盛景的一个小小注脚。这副骨咄玉带銙由四枚方形銙、九枚半圆形銙、一枚圆首矩形銙、一枚圆首矩形铊尾和一枚带扣组成，共计十六件，数量与存放这副玉带銙银盒上的墨书"一十五事并玦"相符。玉质为青黄色，上面有黑色和淡黄色的斑点，经鉴定为透闪石玉，墨书称其为"骨咄玉"（图四六）。

图四六　骨咄玉带銙

何家村遗宝中的这十副玉带銙,除一副九环白玉蹀躞带出土位置不详外,其他九副出土时均和其他物品一起盛放在四个银盒内,而且银盒上的墨书也都记录了这些玉带銙的名字,如"白玉伎乐纹带銙""更白玉带銙""斑玉带銙""深斑玉带銙"等。很显然,这些玉带銙都是以玉色命名的。然而,这副骨咄玉带銙的命名却很特别,而且也是目前发现的唯一一件由唐人命名的"骨咄玉"物品。

大多数学者认为,骨咄玉是骨咄国所产或所贡的美玉。骨咄国是唐代时中亚地区的一个小国,位于今塔吉克斯坦和阿富汗之间,都城为思助建城,在今塔吉克斯坦库尔干秋别市以北。根据《新唐书·西域传》记载,"河中城邦国有骨咄……骨咄或曰珂咄罗,广长皆千里,王治思助建城,多良马、赤豹"。

骨咄国与中原王朝关系密切。根据史书记载,隋大业十一年(公元615年),骨咄国首次向中原王朝遣使纳贡。唐开元十七年(公元729年)、开元二十一年(公元733年),骨咄国曾连续向唐王朝派遣使者、贡献女乐等。天宝十一载(公元752年),玄宗亲笔御题写下本该由中书舍人、翰林待诏等秘书人员草昭的《册骨咄国王罗金节为叶护文》。在册文中,他对西域骨咄国国王罗金节对大唐王朝"夙遵声教,志尚忠节,作扞边疆,勤效斯著"的忠敬表现大加赞赏,并授其骠骑大将军,册封其为"叶护"——即部族大首领。《册府元龟》上也有骨咄国在唐开元、天宝年间多次向唐朝进贡良马的记载。作为众多西域小邦之一,骨咄国与大唐,起码在安史之乱前,一直都保持着友好往来。

然而,史书中却不见骨咄国向唐王朝贡玉的明确记载,所以也有学者认为,这副骨咄玉带銙并不是骨咄国所产或所贡的美玉,而是与何家村遗宝中的其他带銙一样,也是以颜色命名的一种玉。这种观点认为,命名为"骨咄"是缘于玉带上的黑、黄斑点与产自黠戛斯(也称坚昆,在今俄罗斯叶尼塞河上游地区)的骨咄兽的颜色有关。但不管这副骨咄玉带銙是不是骨咄国所产或所贡的美玉,即使是以骨咄兽的颜色来命名的美玉，也显示出其浓厚的异域文化色彩。

中国用玉的历史源远流长，"以玉为贵"的习俗也由来已久。从殷商之际开始，中原地区的玉器用料大部分就来自西域，即今天的新疆地区。汉代时，随着丝绸之路的开通，产于新疆于阗即今天和田地区的和田白玉，便以其独特的品质，成为统治者最为青睐的宝物之一。唐代时，上等玉带銙的用料也主要是和田玉，特别是其中的羊脂玉，更因其温润细腻而备受追捧。玉带銙作为唐代帝王和三品以上的高级官员专享、等级最高的腰带配饰，不仅刺激了唐人对西域美玉的疯狂追求，也使得希望与中原王朝交好的西域诸国投其所好，将玉石、玉带作为向唐朝进贡的主要贡品之一。《旧唐书·西戎传》载：于阗国"贞观六年，遣使献玉带，太宗优诏达之"。据统计，这样有文献明确记载的唐代西域贡玉多达十二次，数量达到四百零七件。西域诸国与大唐王朝的"玉石外交"，由此可见一斑。

除却以贡玉为主要载体之一的朝贡式交好，西域诸国与大唐的交好方式还有多种。如朝见，即向唐朝派遣使者觐见唐朝皇帝。和亲，即少数民族政权王公与唐朝宗室结成姻亲，如在唐贞观二年（公元 628 年）十二月，"西突厥内乱，各可汗俱遣使请婚"。求请，即在面对难以处理的重大事件时，向唐王朝请求支援，如在贞观六年（公元 632 年）七月，西突厥咄陆可汗"不敢当可汗号"，遣使请朝廷册封。修好，即与唐朝加强或改善关系，主要有请和、请降、会盟、请求设置府州等，如在开元三年（公元 715 年）十一月，大食、康国、罽宾、大宛等西域八国遣使向大唐请降；天宝四载（公元 745 年），曹国国王哥逻仆上表，愿为唐朝小州，等等。以名目繁多的手段与大唐交好，充分反映了西域诸国仰慕唐王朝先进文化、希望与大唐保持友好关系和密切往来的强烈愿望，也彰显了处于鼎盛时期的大唐王朝对丝绸之路沿线民族和国家的强大吸引力、影响力和感召力。

因为远道而来与唐交好的各国使节人数众多、诉求各异，朝廷对处理与其所代表的国家之间的关系也非常重视。为了做好礼宾接待，大唐在朝廷设置有鸿胪寺、礼宾院、典客署等专职机构，并配备了鸿胪卿、少卿以下二百余人的庞大工作团队，专门负责对外交往事务，并为前来大唐的使节、宾客提供饮食、住宿、翻译、医疗，以及回程的粮食、路费等。

不难发现，有史记载的西域诸国与唐王朝的主动交好，基本都发生在贞观之治和开元盛世这样的强盛时代。安史之乱之后，大唐王朝由盛转衰，虽然唐王朝不愿意轻易放弃自己的强势地位，但面对西域诸国为自身谋求利益的压力，也不得不调整与四邻的关系。因为即使在古代，统治者们也意识到，只有以雄厚的国力、繁荣的经济、安定的社会、自信的文化和包容的心态为基础，才是一个国家、一个民族恒久保持强大影响力的秘诀所在。